BEM-AVENTURANÇAS DE JESUS

Pe. FRANCISCO ALBERTIN

BEM-AVENTURANÇAS DE JESUS
no Evangelho de Mateus

6ª edição

atualizada

EDITORA
SANTUÁRIO

DIRETOR EDITORIAL:
Pe. Marcelo C. Araújo, C.Ss.R.

COORDENAÇÃO EDITORIAL:
Ana Lúcia de Castro Leite

COPIDESQUE:
Leila Cristina Dinis Fernandes

DIAGRAMAÇÃO:
Juliano de Sousa Cervelin

FOTOS DO MIOLO:
Fernanda Barros Palma da Rosa

CAPA:
Junior dos Santos

REVISÃO:
Lessandra Muniz de Carvalho

Dados Internacionais de Catalogação na Publicação (CIP)
(Câmara Brasileira do Livro, SP, Brasil)

Albertin, Francisco
    Bem-aventuranças de Jesus: Evangelho de Mateus / Francisco Albertin. – Aparecida, SP: Editora Santuário, 1999.

    Bibliografia.
    ISBN 85-7200-586-2

    1. Bem-aventuranças 2. Bíblia. N.T. Mateus – Crítica e interpretação I. Título.

98-5713   CDD 226.206

Índices para catálogo sitemático:
1. Bem-aventuranças de Jesus: Evangelho de Mateus: Interpretação e crítica 226.206
2. Evangelho de Mateus: Bem-aventuranças de Jesus: Interpretação e crítica 226.206

6ª impressão, atualizada

Todos os direitos reservados à **EDITORA SANTUÁRIO** — 2018

Rua Padre Claro Monteiro, 342 — 12570-000 — Aparecida-SP
Tel.: 12 3104-2000 — Televendas: 0800 16 00 04
www.editorasantuario.com.br
vendas@editorasantuario.com.br

*Dedico este livro a todos aqueles que fazem
da Palavra de Deus a razão de viver.*

SUMÁRIO

INTRODUÇÃO.. 11

Capítulo 1
A SOCIEDADE NA ÉPOCA DE JESUS 13
    1.1. Contexto econômico... 13
    1.2. Contexto social... 15
    1.3. Contexto político.. 17
    1.4. Contexto ideológico 18
    1.5. Comparação entre as bem-aventuranças
        em Mateus e Lucas... 20

Capítulo 2
BEM-AVENTURADOS OS POBRES EM ESPÍRITO,
PORQUE DELES É O REINO DOS CÉUS..................... 25
    2.1. Os pobres.. 25
    2.2. Pobres em espírito 30
    2.3. O Reino dos Céus ou Reino de Deus 32
        2.3.1. *O Reino de Deus no Antigo Testamento*...... 32
        2.3.2. *O Reino de Deus no Novo Testamento*........ 37

Capítulo 3

BEM-AVENTURADOS OS QUE SÃO PERSEGUIDOS POR CAUSA DA JUSTIÇA, PORQUE DELES É O REINO DOS CÉUS...........................41

3.1. O termo justiça 41

3.2. Relação entre pobres em espírito e perseguidos por causa da justiça 44

Capítulo 4

OS AFLITOS, OS MANSOS E OS QUE TÊM FOME E SEDE DE JUSTIÇA...........................47

4.1. Os aflitos serão consolados 47

4.2. Os mansos 50

4.2.1. *"A Terra"* 51

4.3. Bem-aventurados os que têm fome e sede de justiça, porque serão saciados 53

Capítulo 5

OS MISERICORDIOSOS, OS PUROS DE CORAÇÃO E OS QUE PROMOVEM A PAZ 57

5.1. Os misericordiosos alcançarão misericórdia 57

5.2. Os puros de coração verão a Deus 62

5.3. Os que promovem a paz serão chamados Filhos de Deus.............................66

Capítulo 6

JESUS, OS POBRES E O REINO 71

    6.1. Jesus e os pobres 71

    6.2. Opções pelos pobres hoje 73

Capítulo 7

**PAPA FRANCISCO "ALEGRAI-VOS E EXULTAI":
O SEGREDO DA SANTIDADE E DA FELICIDADE** ...77

COMO SERIAM AS BEM-AVENTURANÇAS HOJE ...85

REFERÊNCIAS BIBLIOGRÁFICAS 89

INTRODUÇÃO

Em uma das mais lindas páginas da Bíblia, encontramos o belíssimo Sermão da Montanha (Mt 5–7), que, muito mais do que uma pequena síntese dos ensinamentos de Jesus, é um programa de vida e uma inversão dos valores existentes na sociedade, no qual os construtores do Reino de Deus e sua justiça são convidados a adotar um novo modo de ser e agir, que revela quem são os bem-aventurados de acordo com Mateus 5,1-12.

O presente livro, em suas quatro primeiras edições, foi fruto de uma síntese teológica de conclusão de curso. Todavia, sua linguagem, citações longas e o esquema abordado dificultavam, algumas vezes, a compreensão por pessoas pouco familiarizadas com a teologia. O objetivo agora é atualizar o tema sobre as bem-aventuranças numa linguagem mais simples, sem perder a riqueza teológica e, acima de tudo, despertar nas pessoas a convicção de que um outro reino é possível.

Por trás de um texto existe sempre um contexto. Assim, é fundamental entender um pouco melhor como era a sociedade na época de Jesus, o contexto econômico, social, político e ideológico, que será o tema do nosso primeiro capítulo. Além disso, faremos uma pequena comparação entre as bem-aventuranças em Mateus e Lucas.

Na sequência, vamos abordar e explicar cada uma das bem-aventuranças, começando por "bem-aventurados os pobres em espírito, porque deles é o Reino dos Céus" (5,3). E, como consequência, teremos: "bem-aventurados os que são perseguidos por causa da justiça, porque deles é o Reino dos Céus" (5,10). Observe que a expressão **"porque deles é o Reino dos Céus"** se repete. Isso equivale a dizer que é uma inclusão, um modo de escrever dos judeus para dizer que o texto tem uma unidade (Mt 5,3-10). Qual a relação entre pobres em espírito e ser perseguidos por causa da justiça? Por que nestas duas bem-aventuranças a promessa está no presente e em todas as outras no futuro? O que Jesus quis dizer ao afirmar que bem-aventurados são os aflitos, os mansos, os que têm fome e sede de justiça, os misericordiosos, os puros de coração, os pacíficos?

O Papa Francisco em sua exortação apostólica *Gaudete et Exsultate* (*Alegrai-vos e Exultai*) deixa bem claro que a santidade e a felicidade no mundo atual passam pelo programa de vida proposto por Jesus nas "Bem-aventuranças" (Mt 5,1-12; Lc 6,20-23), e que essas são como que a carteira de identidade do cristão e da cristã. Assim sendo, temos um capítulo novo, no qual vamos explicar, de modo resumido, o que o Papa Francisco fala-nos sobre as Bem-aventuranças de Jesus e o modo de vivenciá-las nos dias de hoje.

Jesus disse: "bem-aventurados os puros de coração, porque verão a Deus" (5,8). Tudo deve começar pelo coração, pois "o coração tem razões que a própria razão desconhece" (Pascal).

Se você desejar conhecer um pouco mais sobre as bem--aventuranças, o convidamos a ler este livro, abrir a sua mente e entender, com o coração, as palavras e os ensinamentos de Jesus.

CAPÍTULO 1

A SOCIEDADE NA ÉPOCA DE JESUS[1]

Antes de entrarmos no texto, vamos apresentar uma visão geral do contexto, ou seja, da sociedade na época de Jesus, pois tem muito a nos dizer sobre a correta compreensão e interpretação do verdadeiro significado do ensinamento de Jesus na montanha.

1.1. Contexto econômico

Para se fazer esta análise, teremos por base a obra de E. Morin e também de outros autores que escreveram sobre a época em que Jesus viveu, a qual obviamente era bem diferente de hoje, pois ele viveu há mais de dois mil anos, numa outra visão de mundo, numa cultura diferente.

Jesus era judeu, e o Império Romano governava boa parte do mundo com suas leis e normas, além de o povo daquele tempo ter também toda uma influência da cultura grega. A eco-

---

[1] Aqui, vamos abordar a sociedade da época de Jesus de um modo bem geral. Se você quiser saber mais detalhes sobre esse assunto, leia meu livro: ALBERTIN, Francisco. *O Reino da justiça e do amor*. 2ª ed. Aparecida: Editora Santuário, 2005, p. 13-24.

nomia tinha por base a agricultura, a pecuária, os produtos da época e um pequeno comércio.

Podemos começar dizendo que, para o povo judeu que vivia na Palestina, no tempo de Jesus e antes também, a terra era um dom de Deus e pertencia a ele, mas os homens a cultivavam para dela tirar os seus sustentos e viver de modo digno. A terra era vista como fonte de vida e não como fonte de lucro ou riqueza. Apenas os filhos do sexo masculino tinham direito à herança; as filhas só herdavam quando não havia descendentes masculinos e, mesmo assim, deveriam casar-se com parentes próximos. No caso de um homem não ter nem filhos e nem filhas, a herança não era transmitida para a viúva (exceto em Jerusalém), mas aos parentes próximos do lado paterno.

Na Palestina, cultivavam-se trigo, cevada e centeio. Era rica em frutas, como: uvas, olivas, figos, tâmaras e romãs. O peixe era a alimentação básica do povo em geral, e criava-se gado. Na época de Jesus, ainda se praticava a troca, e as moedas de prata eram raras nas mãos do povo que tinha o Denário Romano. Todos os israelitas acima de treze anos deveriam pagar imposto ao Templo, o equivalente a dois denários, e o dízimo de toda produção da terra, bem como uma quantidade quase interminável de muitos outros impostos ao Império Romano.

Talvez seja novidade para muitos que o Templo, em Jerusalém, fosse o principal centro do poder econômico. Como assim? Além da parte religiosa, ele também funcionava como uma espécie de "banco" hoje. Para ele, iam os dízimos, os impostos que os israelitas acima de treze anos pagavam, os donativos e as ofertas dos peregrinos vindos de todo o mundo romano. Também, no Templo, havia o comércio de vários animais, pois se as pessoas quisessem pedir perdão pelos pecados, fazer uma gratidão ou súplica a Deus, tinham de comprar um animal que era oferecido a Deus, e no Templo os sacerdotes faziam todo um ritual.[2] Para ficar ainda mais claro, vamos ver o que Jesus fala sobre o Templo:

> Jesus subiu a Jerusalém. No Templo, encontrou os vendedores de bois, de ovelhas e de pombas e os cambistas sentados. Tendo feito um chicote de cordas, expulsou todos do Templo, com as ovelhas e com os bois; lançou no chão o dinheiro dos cambistas, derrubou as mesas e disse aos que vendiam pombas: "Tirai tudo isto daqui; não façais da casa de meu Pai uma casa de comércio" (Jo 2,13-16).

Também o Templo tinha suas despesas: as rendas dos chefes dos sacerdotes, certos gastos do culto público, os pagamentos pelos trabalhos de funcionários e certas despesas públicas, sobretudo, as da assistência social aos mais pobres e os impostos exigidos pelo Império Romano.

1.2. Contexto social

A sociedade da época de Jesus era muito machista, e para se saber dos privilégios do homem na sociedade israelita não é preciso ir longe, basta dizer que se recomendava a eles a se-

---

[2] Se você desejar conhecer melhor esses rituais, bem como o sacrifício de comunhão pelo pecado, holocausto e outros, leia meu livro: ALBERTIN, Francisco. *Explicando o Antigo Testamento*. 11ª ed. Aparecida: Editora Santuário, 2011, p. 32-37.

guinte prece: *"Louvado seja Deus que não me criou mulher"*.[3] As mulheres só podiam aparecer em público cobertas com um véu. Um homem não devia olhar para uma mulher casada, nem cumprimentá-la. No que se refere ao aspecto religioso, a mulher estava sujeita a todas as proibições da lei, a todo rigor da legislação civil e penal e mesmo à pena de morte.

Eis alguns exemplos: A mulher tinha de se casar virgem, e se uma moça fosse acusada de não ter se casado virgem: "levarão a jovem até à porta da casa de seu pai e os homens da cidade a apedrejarão até que morra, pois ela cometeu uma infâmia em Israel, desonrando a casa do seu pai" (Dt 22,21).

Em caso de adultério:

> Chegaram os doutores da Lei e os fariseus trazendo uma mulher que tinha sido pega cometendo adultério. Eles colocaram a mulher no meio e disseram a Jesus: "Mestre, essa mulher foi pega em flagrante cometendo adultério. A Lei de Moisés manda que mulheres desse tipo devam ser apedrejadas. E tu, o que dizes?" [...] Então Jesus se levantou e disse: "Quem de vocês não tiver pecado, atire nela a primeira pedra" (Jo 8,3-7).

Mas onde estava o homem que havia cometido adultério com ela? Também ele, pela Lei de Moisés, deveria ser apedrejado (cf. Dt 22,22-27). No caso de o adultério não ser denunciado ou público, o costume da época era admitir que: "a mulher seduziu e o homem não resistiu...", a culpa era sempre da mulher e não do homem. Nesse mesmo caso de adultério, Jesus não condena a mulher e dá a ela uma nova chance (cf. Jo

---

[3] MORIN, Émile. *Jesus e as estruturas de seu tempo*. 4ª ed. São Paulo: Ed. Paulinas, 1988, p. 56.

8,9-11). Jesus também questiona a lei do divórcio e fala sobre a grandeza do matrimônio (cf. Mt 19,1-9). Só o homem poderia divorciar-se e por qualquer motivo, a mulher não.

A lei do divórcio era: "Quando um homem se casa com uma mulher e consuma o matrimônio, se depois ele não gostar mais dela, por ter visto nela alguma coisa inconveniente, escreva para ela um documento de divórcio" (Dt 24,1).

No casamento, a mulher tornava-se posse de seu marido e poderia casar-se a partir dos doze anos de idade. Os israelitas leigos de ascendência pura tinham de ser fruto de uma genealogia sem mancha. A pureza de origem era procurada nas alianças matrimoniais, porque dela dependia não só a posição social, mas a salvação de Israel.

Os prosélitos eram os pagãos convertidos ao judaísmo e que aceitavam a circuncisão. As mulheres tornavam-se judias por um banho especial. Seus direitos eram restringidos por causa da mancha da origem pagã. Os bastardos eram os descendentes de uniões ilegítimas e privados de qualquer acesso às dignidades públicas. Os samaritanos eram considerados como impuros ou de último grau. Judeus e samaritanos eram inimigos e não se davam em casamento. Além do mais, 90% do povo eram analfabetos. De cada dez pessoas, apenas uma sabia ler e escrever. Os pobres estavam cada vez mais pobres e os ricos cada vez mais ricos: há diferença em relação aos dias de hoje?

1.3. Contexto político

A Palestina foi dominada pelo imperador Pompeu, no ano 63 a.C. Entretanto, foi Otávio, ou César Augusto – como ficou conhecido –, que lançou as bases e os alicerces do Império Romano. Foi um grande estadista, fez uma profunda reforma política e instaurou uma taxação diferente, centralizou os tribunais, estabeleceu fiscalização direta e, com inteligência, deu certa autonomia administrativa às cidades e províncias, promulgou leis para impedir os males sociais e morais. Os três setores básicos em que o poder era exercido eram: a ordem fiscal; a ordem pública; o direito e a justiça.

O Império Romano tinha o controle político de seus subordinados, e a ordem pública era assegurada, internamente, pelos romanos, mas davam liberdade à política judaica do Templo para as questões ordinárias entre os judeus.

O Sinédrio, além de questões políticas e econômicas, também funcionava como corte de justiça. Dispunha de polícia, que podia prender e encarcerar os delinquentes, aplicar multas e castigos corporais e excluir os criminosos da comunidade israelita. Todos os israelitas (seiscentos a setecentos mil, na Palestina; seis a sete milhões, no Império Romano) dependiam da jurisdição de Jerusalém. Os chefes dos sacerdotes mantinham-se nessa assembleia por causa de suas ligações com o Sumo Sacerdote. Este, instalado no cargo graças a seu nascimento, ao dinheiro e à intriga, cuidava de colocar nos postos mais importantes o seu pessoal, a começar pelos membros da família.

1.4. Contexto ideológico

Muitos povos dominados pelo Império Romano consideravam que era "chique" viver como os romanos. Com isso, esse modo de viver começou a se espalhar e poderia ser visto nos ginásios, fontes, pórticos, templos, oficinas e escolas. Além, é claro, da ideologia do dominador, sendo que, para não haver questionamentos e serem aceitas suas imposições, colocaram o famoso "Pão e Circo", o alimento e a diversão para seus dominados não "incomodarem" o poder central de Roma.

O próprio Jesus teceu sua crítica a esse domínio e, principalmente, sobre a *Pax Romana*. Ele veio anunciar o Reino de Deus, que tinha por alicerce o amor, a justiça, a misericórdia e a paz. Bem diferente era o reino político que o Império Romano idealizava, um reino de domínio, força, luxo, opressão, injustiça e manutenção da ordem estabelecida, ou seja, a paz. Como explicar que tanto o Reino anunciado por Jesus, quanto pelo Império poderiam ter um elemento comum: a paz? Que Paz? É evidente que esta concepção era diferente, pois Jesus Cristo foi morto exatamente por criticar a *Pax Romana*. Ele foi considerado "subversivo", um "agitador social" contra a ordem social estabelecida. Esta "paz" era garantida pela força militar, violência, derramamento de sangue, morte e injustiça. Jesus anunciava uma paz baseada no amor, na vida, na felicidade.

Jesus também anunciou um novo modo de viver através das bem-aventuranças (cf. 5,3-10): felizes são os pobres em espírito, os aflitos, os mansos, os que têm fome e sede de justiça, os misericordiosos, os puros de coração, os pacíficos e os que são perseguidos por causa da justiça, pois deles é o reino dos céus. Jesus ironiza, inverte os valores de seu tempo. É um sinal de contradição, pois "felizes", na concepção dos romanos, eram os que detinham o poder, os que mandavam, viviam no luxo e prazeres.

1.5. Comparação entre as bem-aventuranças em Mateus e Lucas

Jesus "senta-se" na montanha, na morada divina. Sentar-se também é a posição de quem ensina. Jesus mesmo disse que "os escribas e fariseus estão sentados na cátedra de Moisés" (Mt 23,2). Jesus, ao entrar na Sinagoga de Nazaré, leu uma passagem do profeta Isaías e depois "sentou-se para ensinar" (cf. Lc 4,20). Ensinou aos seus discípulos, que são todos os seguidores daquela época e de todos os tempos. Todos aqueles e aquelas que procuram viver de acordo com os ensinamentos de Jesus são seus discípulos e discípulas.

Por falar em bem-aventurados, devemos ter em mente que *ashré*, em hebraico, traduzido pelo grego *makários*, quer dizer "feliz, felizes". Esse termo aparece muitas vezes no Antigo e no Novo Testamento.

As bem-aventuranças em Mateus têm alguns pontos em comum com as bem-aventuranças em Lucas. Todavia, Mateus tem todo um esquema literário e teológico, tanto é verdade que acontece na montanha, que é o lugar sagrado da presença de Deus para o povo judeu. Diz que "Jesus viu as multidões, subiu à montanha e sentou-se" (5,1). Enquanto Lucas diz: "Jesus desceu da montanha com os doze apóstolos, e parou num lugar plano" (Lc 6,17). O sermão acontece na planície, pois, para os gentios, a montanha não tem um significado especial. De modo bem geral, temos este esquema dos pontos em comum:

Mateus 5,3-12	Lucas 6,20b-23	Lucas 6,24-26
3. Bem-aventurados os pobres em espírito, porque deles é o Reino dos Céus.	20b. Bem-aventurados vós, os pobres, porque vosso é o Reino de Deus.	24. Mas, ai de vós, ricos, porque já tendes a vossa consolação!
4. Bem-aventurados os aflitos, porque serão consolados.	21b. Bem-aventurados vós, que agora chorais, porque haveis de rir.	25b. Ai de vós, que agora rides, porque conhecereis o luto e as lágrimas!
6. Bem-aventurados os que têm fome e sede de justiça porque serão saciados.	21. Bem-aventurados vós os que agora tendes fome, porque sereis saciados.	25. Ai de vós, que agora estais saciados, porque tereis fome!
11. Bem-aventurados sois, quando vos injuriarem e vos perseguirem e, mentindo, disserem todo mal contra vós, por causa de mim.	22. Bem aventurados sereis quando os homens vos odiarem, quando vos rejeitarem, insultarem e proscreverem vosso nome como infame, por causa do Filho do homem.	26. Ai de vós, quando todos vos bendisserem.
12. Alegrai-vos e regozijai-vos, porque será grande a vossa recompensa nos céus, pois foi assim que perseguiram os profetas, que vieram antes de vós.	23. Alegrai-vos naquele dia e exultai, porque no céu será grande a vossa recompensa; pois do mesmo modo seus pais tratavam os profetas.	26b. Pois do mesmo modo seus pais tratavam os falsos profetas.

Lucas escreve as bem-aventuranças tendo por base a questão das bênçãos (bem-aventurados, felizes) e maldições (ai de vós). Dentre algumas alianças, podemos dizer que, na aliança de Deus com Moisés e o povo (Êx 19–24), estão contidas as bênçãos e as maldições. Israel tem certos deveres impostos por

Deus; em troca, Deus promete ajuda e libertação ou ameaça com castigos. Isso se expressa nas bênçãos e nas maldições. Temos, por exemplo, no Deuteronômio:

> Portanto, se obedeceres de fato à voz de Iahweh, teu Deus, cuidando de pôr em prática todos os mandamentos que hoje te ordeno... Estas são as bênçãos que virão sobre ti e te atingirão se obedeceres à voz de Iahweh, teu Deus: Bendito serás tu...
>
> Todavia, se não obedeceres à voz de Iahweh, teu Deus, cuidando de pôr em prática todos os mandamentos e estatutos que hoje te ordeno, todas estas maldições virão sobre ti e te atingirão: Maldito serás tu... (cf. Dt 28,1-45).

Já Mateus tem todo um esquema teológico para escrever as bem-aventuranças. Observe que a primeira ideia (5,3) – "porque deles é o Reino dos Céus" – está repetida no final (5,10). Isso equivale a dizer que é uma inclusão, ou seja, o texto tem uma unidade. A primeira e a oitava são paralelas, sendo a oitava consequência da primeira; as demais: a segunda, a terceira e a quarta, referem-se a um estado doloroso, no qual se promete libertação. Enquanto que a quinta, a sexta e a sétima referem-se a uma atividade ou estado do homem, no qual se tem uma promessa no futuro, exceto a primeira e a última, na qual a promessa está no presente. Para ficar compreensível essa ideia, vejamos como fica o esquema das bem-aventuranças em Mateus (5,3-10):

> Bem-aventurados os pobres em espírito, porque deles **é** o Reino dos Céus.
> Bem-aventurados os aflitos, porque **serão** consolados.
> Bem-aventurados os mansos, porque **possuirão** a terra.
> Bem-aventurados os que têm fome e sede de justiça, porque **serão** saciados.

Bem-aventurados os misericordiosos, porque **alcançarão** misericórdia.

Bem-aventurados os puros de coração, porque **verão** a Deus.

Bem-aventurados os que promovem a paz, porque **serão** chamados filhos de Deus.

Bem-aventurados os que são perseguidos por causa da justiça, porque deles **é** o Reino dos Céus.

Em relação aos dois versículos:

Bem-aventurados sois, quando vos injuriarem e vos perseguirem e, mentindo, disserem todo o mal contra vós por causa de mim. Alegrai-vos e regozijai-vos, porque será grande a vossa recompensa nos céus, pois foi assim que perseguiram os profetas, que vieram antes de vós (5,11-12).

Muito se discute se esta última bem-aventurança fazia ou não parte do texto original, se é um acréscimo, ampliando 5,10, no qual são bem-aventurados os perseguidos por causa da justiça. Se era restrita só aos discípulos, se era um alerta sobre as perseguições que os cristãos e cristãs sofreram com Nero (54-68) e Domiciano (81-96), sobre isso não pairam dúvidas, pois as bem-aventuranças foram escritas na terceira pessoa, ao passo que esta última (5,11-12) passa para a segunda pessoa verbal. Além do mais, conforme já vimos, o texto, em Mateus, sobre as bem-aventuranças tem uma unidade e inclusão: "porque deles é o Reino dos Céus", e esse texto vai dos versículos 3 a 10, do capítulo 5. Possivelmente, essa última bem-aventurança reflete a dificuldade da comunidade de Mateus, onde várias pessoas estavam sendo perseguidas e mortas por causa da opção por Jesus Cristo; era um alerta para resistir e manter-se fiel a Jesus até o fim.

CAPÍTULO 2

BEM-AVENTURADOS OS POBRES EM ESPÍRITO, PORQUE DELES É O REINO DOS CÉUS

Para compreender bem esta bem-aventurança, faz-se necessário um estudo para entender o significado de "pobres em espírito" e "Reino dos Céus". O que Mateus quis dizer com isso?

2.1. Os pobres

Não é fácil definir, com precisão, o que se entende pelo termo "pobre", uma vez que sua terminologia é equívoca.

O termo "pobre" vem do latim *pauper*, uma raiz que significa "pouco", no sentido de bens. É aquele que produz pouco, que não tem nada. Os sinônimos são miserável, mesquinho, indigente, necessitado. Como podemos perceber, é uma definição tipicamente social e econômica. O aspecto cultural-antropológico e a dimensão religiosa-espiritual não são valorizados. Essa compreensão de "pobres" condiciona e, ao mesmo tempo, prejudica a nossa maneira de entendê-los na Bíblia.

O Antigo Testamento foi escrito em hebraico, aramaico e grego, o Novo Testamento, em grego.[4] De um modo geral, Rinaldo Fabris diz que, no panorama linguístico da Bíblia, em hebraico e aramaico, temos cinco termos:

O primeiro é *'ebionîm,* no plural: o mendigo, aquele que estende a mão, que pede, pedinte. É o mais difundido, junto com *'anaw* e *'anawîm.* Ele ocorre sessenta e uma vezes na Bíblia hebraica e é traduzido em onze casos por *ptõchós.* É o termo das bem-aventuranças evangélicas, nas quais *ptõchói,* "pobres", encontra-se ao lado de humildes, em grego, *praéis.* [...] os vocábulos hebraicos *dõl* e *rãsh,* que indicam o miserável, aquele que, segundo Amós, é pisado como o pó da estrada. [...] A Bíblia grega privilegiou o termo *ptõchós,* perdendo a variedade da linguagem hebraica, que vai de mendigo a oprimido e pisado. Dois outros vocábulos terão uma história muito interessante na linguagem cristã: *'anî e 'anaw* [...] A raiz comum é *'anah,* "responder", a qual indica a atitude diante do senhor, poderoso e grande, daquele que não ousa fazer perguntas, mas só responde. Ele é o *'anî, 'anaw,* no plural *'anawîm.* Passa-se de uma condição social e econômica, como, por exemplo, a dos oprimidos submetidos aos trabalhos forçados e maltratados no Egito, para o forasteiro,

---

[4] "A Bíblia hebraica foi dividida em versículos e seções para a leitura na sinagoga, antes da era cristã. A divisão moderna e a numeração em capítulos são geralmente atribuídas a Estêvão Langton († 1228), professor em Paris e mais tarde Arcebispo de Canterbury; talvez ele tenha utilizado uma divisão já existente. A divisão moderna do Antigo Testamento em versículos foi realizada por Sante Pagnini, O.P., em sua Bíblia latina de 1528; o redator parisiense Robert Etienne adotou a numeração de Pagnini e numerou os versículos do Novo Testamento em sua edição de 1555. A Bíblia foi impressa pela primeira vez (em latim) por Gutemberg (Mogúncia, 1450)". In MACKENZIE, Jonh L. *Dicionário Bíblico.* Tradução de Álvaro Cunha *et al.* 4ª ed. São Paulo: Editora Paulus, 1984 – verbete bíblia, p. 123.

o órfão e a viúva, os miseráveis do país de Canaã. [...] "pobre é aquele que é destituído dos bens essenciais para viver e para ter dignidade e liberdade humanas".[5]

Os pobres, na Bíblia, sempre tiveram um olhar carinhoso e paternal de Deus. No Êxodo, temos uma passagem belíssima que impressiona e mostra que Deus caminha junto com o seu povo rumo a uma libertação.

Eu **vi** muito bem a miséria do meu povo que está no Egito. **Ouvi** o seu clamor contra seus opressores, e **conheço** os seus sofrimentos. Por isso, desci para **libertá-lo** do poder dos egípcios e para fazê-lo subir dessa terra para uma terra fértil e espaçosa, terra onde corre leite e mel (Êx 3,7-8).

Não basta apenas ver, ouvir ou conhecer, faz-se necessário libertar. A libertação só acontece quando acaba a miséria, a opressão e os sofrimentos; quando o povo tem uma terra fértil, pois a terra, na Bíblia, é sinônimo de alimento e vida.

A terra de Canaã é frequentemente descrita como uma "terra que mana leite e mel". A abundância de leite é um dos sinais de prosperidade e de paz. Metaforicamente, "leite" significa riqueza. E o mel aparece em listas de produtos que descrevem a abundância da Palestina.[6]

---

[5] FABRIS, Rinaldo. *A opção pelos pobres na Bíblia*. São Paulo: Edições Paulinas, 1991, p. 13-14.

[6] Cf. MACKENZIE, Jonh L. *Dicionário Bíblico*. Tradução de Álvaro Cunha *et al.* 4ª ed. São Paulo: Editora Paulus, 1984 – verbetes: leite (p. 543) e mel (p. 599).

O leite também servia para matar a sede onde a água era escassa, embora fosse mais comum o leite de cabra ou de ovelha. O leite, além de alimento, também pode significar ensinamento simples e básico. Paulo compara os Coríntios a crianças e não homens maduros na fé: "Dei leite para vocês beberem, não alimento sólido, pois vocês não o podiam suportar" (cf. 1Cor 3,1-4).

Na Bíblia, temos inúmeras passagens em que Deus clama por justiça em relação aos pobres:

> Não explore um assalariado pobre e necessitado, seja ele um de seus irmãos ou imigrante que vive em sua terra, em sua cidade. Pague-lhe o salário a cada dia, antes que o sol se ponha, porque ele é pobre e sua vida depende disso. Assim, ele não clamará a Deus contra você, e em você não haverá pecado (Dt 24,14-15).

Nas colheitas, devem deixar um pouco dos produtos (trigo, azeitonas, milho, uvas etc.) para os imigrantes, órfãos e viúvas catarem e terem um mínimo necessário para os seus sustentos (cf. Dt 24,19-22). Rute, para não morrer de fome, vai catar os restolhos das espigas de cevada nos campos de Booz (Rt 2).

Há também uma lei que ficou conhecida como Lei do Resgate (Lv 25,23-43) e que diz, entre outras coisas:

> A terra não poderá ser vendida para sempre, porque a terra me pertence. Se um irmão seu cai na miséria e precisa vender algo do patrimônio próprio, o parente mais próximo dele, que tem o direito de resgate, irá até ele e resgatará aquilo que o irmão tiver vendido. No jubileu, o comprador liberará a propriedade, para que esta volte ao seu próprio dono. Se um irmão seu cai na miséria e não tem meios de se manter, você o sus-

tentará, para que viva com você como imigrante ou hóspede. Não cobre dele juros.

Essa lei, no papel, era uma proteção e uma segurança para os pobres. Porém, na prática, nem sempre ou quase nunca era cumprida. Seu principal objetivo era defender e fortalecer a família como base da organização social. Ela, quando observada, impedia que alguém perdesse a sua liberdade e um outro se tornasse explorador dos seus irmãos. Estimulava a corresponsabilidade de todos pelo bem-estar dentro da família e na comunidade. O "GOÊL" era aquele que, na hora do aperto, vinha socorrer. Era uma figura muito importante, sobretudo, para os pobres que não dispunham de recursos para se defender.

Os profetas denunciavam as injustiças sociais e procuravam defender os direitos dos pobres. Muitos deles morreram por anunciar a Palavra de Deus e denunciar os abusos dos reis. Alguns exemplos:

Amós é considerado o profeta da justiça social.[7] Era camponês e agricultor, provavelmente analfabeto; compreende que Deus não quer a pobreza, pois esta é fruto da injustiça social. "Eles odeiam os que defendem o justo no tribunal e têm horror de quem fala a verdade. Porque esmagam o fraco, cobrando dele o imposto do trigo [...]. Odeiem o mal e amem o bem; restabeleçam o direito no tribunal" (Am 5,10-11.15).

---

[7] Se você desejar conhecer melhor a vida e os escritos do profeta Amós e a justiça de um modo geral, leia meu livro, em coautoria com o Juiz Armando F. Filho: ALBERTIN, Francisco; FERNANDES FILHO, Armando. *Justiça – um sonho eterno*. Aparecida: Editora Idéias & Letras, 2006.

Isaías diz:

As mãos de vocês estão cheias de sangue. Lavem-se, pu-
rifiquem-se, tirem de minha vista as maldades que vocês prati-
cam. Parem de fazer o mal, aprendam a fazer o bem: busquem
o direito, socorram o oprimido, façam justiça ao órfão, defen-
dam a causa da viúva (Is 1,15-17).

O jejum que eu quero é este: acabar com as prisões injus-
tas, desfazer as correntes do jugo, pôr em liberdade os oprimidos, repartir a comida com quem passa fome, hospedar em
sua casa os pobres sem abrigo, vestir aquele que se encontra
nu (Is 58,6-7).

Miqueias diz:

Ai daqueles que, deitados na cama, ficam planejando a injustiça e tramando o mal! É só o dia amanhecer, já o executam,
porque têm o poder nas mãos. Cobiçam campos, e os roubam,
querem uma casa, e a tomam. Assim oprimem o homem e a
sua família, o proprietário e a sua herança (Mq 2,1-2).

A verdade é que Deus sempre defende a causa dos pobres
e necessitados e caminha com todos os que procuram lutar pela
justiça e por um mundo melhor.

2.2. Pobres em espírito

Mateus nos coloca: "Bem-aventurados os pobres em espírito, porque deles é o Reino dos Céus" (Mt 5,3). No grego:
*"Makarioi oi ptochói to pneumati oti auton estin e basileia
tou ouranon"*. Que seria, de fato, "pobres em espírito"? Antes

de responder a essa pergunta, podemos observar que Mateus também faz outros acréscimos. Não basta ter fome e sede, é necessário ter "fome e sede de justiça". Os discípulos são bem--aventurados por serem puros de coração e perseguidos por causa da justiça e por quererem fazer a vontade de Deus. Esses acréscimos estão no sentido de uma dimensão espiritual e ética.

Uma vez que procuramos definir o termo "pobres", resta--nos agora entender o que significa o termo "Espírito". Na cultura grega, é oposto à matéria, conotando algo fora deste mundo, ou seja, imaterial. Essa mentalidade nos prejudica para uma compreensão desse termo.

A palavra "Espírito", em grego, *pneuma,* ou em hebraico, *ruah,* significa, primariamente, "vento", que implica "força" e também "interioridade vital". O termo "Espírito", na concepção semita, conota sempre força e atividade vital. É dinâmico.

> Na antropologia do Antigo Testamento, o homem possui "espírito" e "coração". Ambos os termos designam sua interioridade [...]. A interioridade do homem passa à atividade enquanto inteligência, decisão e sentimento. Dado que Jesus propõe é uma opção pela pobreza, o ato que a realiza é a decisão da vontade. O sentido da bem-aventurança é, portanto, "os pobres por decisão", opondo-se a "pobres por necessidade".[8]

Em Mateus, fica evidente que a pobreza deve ser em nível de interioridade, de decisão, sendo que não existe meio-termo: ou é pobre ou não é; ou serve a Deus ou serve ao dinheiro.

Pobres em espírito são aqueles que, na sua vida, decidem

---

[8] MATEOS, Juan; CAMACHO, Fernando. *O evangelho de Mateus.* São Paulo: Edições Paulinas, 1993, p. 57.

depender de Deus. E deles é o Reino dos Céus. Esta primeira bem-aventurança é a porta de entrada para todas as outras. Antes de Jesus Cristo, os pobres, doentes e deficientes eram considerados "amaldiçoados" por Deus, e os ricos, "abençoados". Por que será que Jesus Cristo quis nascer pobre e viveu no meio deles?

2.3. O Reino dos Céus ou Reino de Deus

Muitas dúvidas surgem quando se fala em Reino de Deus. Afinal, foi Deus quem criou o mundo, e será que existe contradição ao afirmar que existe o reino de Deus e o reino do mundo? Esse reino de Deus existe aqui, é atual ou é um reino do outro mundo, escatológico? Existe diferença entre reino de Deus e reino dos Céus?

2.3.1. O Reino de Deus no Antigo Testamento

No Antigo Testamento, o povo procurava seguir Deus e tinha a mentalidade de que ele era o verdadeiro Rei, e que os reis da terra deveriam governar em nome dele para garantir a justiça, a paz e o bem-estar. Na língua hebraica, temos o termo *Malkut*.

> O substantivo *Malkut*, referido a Deus, significa "essencialmente o fato de que Deus reina". Trata-se sempre de exprimir fundamentalmente a ideia da atividade concreta de Deus como rei ou, simplesmente, que "Deus é Rei". [...] É para expressar melhor esta realidade que usamos o termo "reino", e não "reinado" ou "realeza". De fato, o termo "reino" expressa

melhor o exercício do poder nas suas diversas modalidades, enquanto o termo "realeza" expressa preferencialmente a dignidade do rei, o regime monárquico, e "reinado" designa em primeiro lugar o território, ou o estado sobre o qual se exerce o poder real.[9]

Se observarmos o Antigo Testamento, veremos que o termo *Malkut* é usado poucas vezes, pois outra noção se faz presente: Javé-rei (*Melek*). O povo chamava Deus também de Javé, ou seja, aquele que salva e liberta. Esse termo parece ter suas origens em Jerusalém no período da monarquia davídica. Nos Salmos, encontramos várias referências a Javé como Rei. Javé é louvado e cantado como Rei, Javé é Rei (Sl 93,1; 96,10).

Nos textos proféticos, percebemos que a atenção se faz no sentido do papel do Rei Javé no desenvolvimento histórico de Israel. Mas é um rei diferente, que intervém em favor do seu povo. Não é como os reis, tanto do norte, como do sul, que só pensam em poder, riquezas, interesses próprios. O povo já estava cansado de esperar a justiça e o direito, de esperar um rei justo. Isso porque, nos povos do Oriente, a justiça era o fundamento dos reinados, ainda que esta não fosse praticada perfeitamente. E a justiça do rei não consiste, em primeiro lugar, na imparcialidade das suas sentenças judiciárias, mas na defesa dos indefesos, dos fracos e dos pobres, das viúvas e dos órfãos. Assim, o primeiro dever do rei é fazer a opção pelos pobres, que corresponde à opção divina.

---

[9] NEUTZLING, Inácio. *O reino de Deus e os pobres*. São Paulo: Editora Loyola, 1986, p. 32-33.

Israel adota essa doutrina, que faz do rei o dispensador dos bens sociais. Como o único e verdadeiro rei de Israel é Javé, este assume simplesmente o dever real de proteger os pobres.

> Javé se manifesta como aquele que é o defensor oficial dos pobres e infelizes. Mas Ele, por outro lado, não só protege os pobres e garante seus direitos, mas exige a mesma conduta dos que têm o poder. Ou seja, a função rei é indissoluvelmente ligada ao modo com que Javé reina, baseada no direito e na justiça.[10]

Assim sendo, muitos esperavam que um dia Deus mesmo enviasse um mensageiro, um "Rei" para governar o mundo. Desde a época do rei Davi (1010-970 a.C.), quando o profeta Natã teria dito a Davi que havia recebido de Deus esta promessa: "Eu exaltarei a sua descendência depois de você, aquele que vai sair de você. E firmarei a realeza dele [...]. E eu estabelecerei o trono real dele para sempre. Serei para ele um pai e ele será um filho para mim" (2Sm 7,12-14), e, devido a isso, muitos aguardavam ansiosamente a vinda de um Messias, ou seja, *khristós* em grego e *mashiah* em hebraico, que significa o "ungido", aquele que exerce a função de rei, sacerdote e profeta, além do mais, é verdadeiramente o "Filho de Deus".

> Na época, o termo Messias indicava alguém que traria a presença gloriosa de Deus para o meio de seu povo, libertando-o dos inimigos de maneira triunfante e definitiva, seja

---

[10] Neutzling, Inácio. *O reino de Deus e os pobres*. São Paulo: Editora Loyola, 1986, p. 82.

expulsando os romanos (zelotas), seja levando à observância completa da Lei (sacerdotes e fariseus), seja instaurando triunfalmente o Reino (profetas).[11]

Havia várias controvérsias de como seria a vinda do "Messias"[12] e o modo pelo qual ele reinaria. Os fariseus, que significam "separados", acreditavam que o Reino de Deus só seria realidade quando as pessoas observassem rigorosamente a Lei de Moisés. Recomendavam o estudo da lei, a piedade individual e a submissão absoluta a Deus. Jesus deixou bem claro que o homem está acima da Lei, o que interessa não é se fechar num rigorismo estéril, mas que o homem possa abrir-se às novidades do Reino e tornar-se um "homem novo".

Os zelotas, embora fossem fanáticos pela Lei, não se conformavam com a visão dos fariseus. O Reino, para eles, baseava-se tanto na libertação do jugo estrangeiro quanto na reforma das instituições. Alimentavam o ódio aos invasores e defendiam uma luta armada.

Para Jesus, o uso da violência não oferece solução. Também não a aceita como meio para instaurar a sociedade nova.

---

[11] BALANCIN, Euclides Martins. *Como ler o Evangelho de Marcos*. São Paulo: Edições Paulinas, 1991, p. 110.

[12] Se você quiser obter mais conhecimentos sobre o significado do termo "Messias", leia o livro de minha autoria: ALBERTIN, Francisco. *Explicando o Novo Testamento – Os Evangelhos de Marcos, Mateus, Lucas e Atos dos Apóstolos*. 7ª ed. Aparecida: Editora Santuário, 2008, p. 46--48. E ainda o nosso artigo: FERREIRA, Joel A.; ALBERTIN, Francisco; TEZZA, Maristela. "O Messias de Quelle, Marcos e Mateus", in *Fragmentos de Cultura*. Goiânia, vol. 16, n. 5/6, p. 447-463, mai./jun. 2006.

[...] Usar os meios violentos do sistema significa compartilhar seus falsos valores. A nova sociedade não pode basear-se na coação, porém sim na liberdade de opção. O uso de violência mostra que ainda não existe o homem novo. As soluções não vêm de fora para dentro, mas de dentro para fora.[13]

Os saduceus eram a aristocracia de Israel, formada pelos membros das famílias mais ricas do país. Tinham a maioria no Sinédrio, administravam o Templo e tinham o Sumo Sacerdote, que era o chefe religioso e político da nação, além de ser uma pessoa sagrada. Estavam ao lado do poder romano. Jesus mostra que o pecado deles é o materialismo; não acreditavam no Reino de Deus, eram beneficiados pelo poder e estavam conformados com a situação existente; duvidavam da existência da ressurreição e exigiram de Pilatos a morte de Jesus, estando, pois, fechados à concretização do Reino.

Os essênios constituíam uma seita fanática, exclusivista, e se diziam os constituintes do verdadeiro Israel, julgavam ser os "Filhos da Luz", ou seja, os Filhos de Deus, em contradição com os inimigos, que eles chamavam de "Filho das Trevas". Viviam separados no deserto ou nas cidades, tinham seus próprios ritos e não estavam, na época de Jesus, comprometidos nem social nem politicamente. Esperavam a chegada de um Ungido de Aarão, isto é, de um novo Sumo Sacerdote, e de um Ungido de Davi, ou seja, o Messias guerreiro. Um conflito final, segundo eles, daria a vitória aos filhos da luz e ao Reinado de Deus. Jesus deixa bem claro que o Reino de Deus só se concretiza no amor e no serviço, e não no exclusivismo e no ódio contra os inimigos.

---

[13] MATEOS, Juan. *A utopia de Jesus*. São Paulo: Editora Paulus, 1994, p. 24.

2.3.2. O Reino de Deus no Novo Testamento

No Evangelho de Mateus, quando Jesus começa a pregar em público, suas primeiras palavras são: "Convertam-se, porque o Reino dos Céus está próximo" (Mt 4,17). Para que o reino de Deus aconteça, faz-se necessária a conversão, uma mudança de mentalidade e modo de ser e agir. E, ao longo do sermão da montanha, Jesus pede: "em primeiro lugar busquem o Reino de Deus e a sua justiça" (Mt 6,33), este é o fio condutor e a razão de ser do Evangelho escrito por Mateus.[14]

Ninguém melhor do que Jesus, o Filho de Deus, poderia trazer à humanidade as novidades, em que consiste e como é o Reino sonhado por Deus para todos nós. O alicerce da cons-

---

[14] O Evangelho escrito por Mateus pode ser chamado de um grande "quiasmo", um modo especial que os judeus utilizavam para escrever, onde a ideia essencial aparece no centro. Assim sendo, em meu livro – ALBERTIN, Francisco. *O Reino da justiça e do amor*. 2ª ed. Aparecida: Editora Santuário, 2005 –, foi feito todo um estudo em torno do que é o Reino de Deus e sua justiça através desse quiasmo e do seguinte esquema:
A 1–2 – Nascimento de Jesus – a vida vence a morte.
B 3–4 – Início do anúncio do Reino da justiça e do amor.
C 5–7 – Sermão da Montanha: alicerce do Reino da justiça e do amor.
D 8–9 – Jesus anuncia coisas novas sobre o Reino da justiça e do amor.
E 10 – Missão dos discípulos na construção do Reino da justiça e do amor.
F 11–12 – Jesus mostra os sinais visíveis do Reino da justiça e do amor.
G 13,1-52 – A essência do Reino de Deus: as parábolas.
F'13,53-17 – Jesus denuncia o Reino do poder e mostra sinais da vida.
E'18 – Missão da comunidade na construção do Reino da justiça e do amor.
D'19–23 – O Reino aberto para todos: conversão para uma humanidade nova.
C'24–25 – Sermão escatológico: acabamento do Reino da justiça e do amor.
B'26–27 – Fim do anúncio do Reino da justiça e do amor.
A '28 – Ressurreição: a vida vence a morte.

trução desse reino acontece no sermão da montanha (Mt 5–7), sendo que as bem-aventuranças resumem como devem viver os que são chamados a tal reino. Jesus, com sua vida e modo de ser, revelou a todos o carinho, a ternura e o modo pelo qual Deus ama o seu povo. O amor e a entrega da própria vida são uma opção e não imposição, pois Deus respeita a liberdade humana, convidando-nos apenas a sermos seus discípulos e discípulas e nos mostrando o caminho a seguir. Todavia, nas bem-aventuranças, Jesus inverte os valores sociais de sua época e de hoje para mostrar que uma coisa é seguir o Reino de Deus e outra é seguir o reino da riqueza e do poder.

Possivelmente, os governantes da época de Jesus e de hoje diriam: "Bem-aventurados os ricos, porque deles é o reino do poder". Enquanto Jesus vai dizer: "Bem-aventurados os pobres em espírito, porque deles é o Reino dos Céus". Já observamos que há valores diferentes entre o reino do poder e o Reino dos Céus. Afinal, o próprio Jesus vai afirmar: "Ninguém pode servir a dois senhores. Porque ou odiará a um e amará o outro, ou será fiel a um e desprezará o outro. Vocês não podem servir a Deus e às riquezas" (Mt 6,24). São dois senhores, dois reinos: um de justiça, direito, amor, paz e partilha, e outro do dinheiro, poder, prazer e injustiça. Quem é súdito de um, jamais poderá ser súdito do outro, pois "ou odiará a um e amará o outro, ou se apegará ao primeiro e desprezará o segundo" (6,24).

Já vimos o que significa ser pobre em espírito ou optar por viver de acordo com a Palavra de Deus e partilhar todo o nosso ser como fez Jesus. Isso exige uma decisão, uma conversão e renúncia aos valores sociais modernos, em que o dinheiro é o "deus" e comanda tudo.

Mas existe diferença entre Reino dos Céus e Reino de

Deus? Como entender "Céus"? No singular, temos a palavra céu, mas, em hebraico, *shamayim*, é escrita no plural: daí céus.

> Na Bíblia os céus tanto são um fenômeno natural como um fato teológico. [...] A frase "céus e terra" significa em regra simplesmente o universo visível. [...] Os céus, que no AT são invisíveis e inatingíveis pelo homem, tornam-se no NT o lugar da morada e recompensa para o cristão.[15]

Os judeus evitavam pronunciar o nome de Deus, consideravam-no muito santo. Daí, a expressão "céus" é um semitismo para evitar o "impronunciável" nome de Deus para os judeus, donde se concluí que Reino dos Céus e Reino de Deus são semelhantes.

A expressão Reino dos Céus aparece trinta e duas vezes em Mateus.[16] Talvez poderíamos dizer que o Reino dos Céus é a superplenitude divina (oito), que supera a primeira criação (sete), multiplicada pela totalidade humana (quatro), resultando em trinta e dois. Sendo assim, fruto da ação divina e da ação humana.

Esse Reino dos Céus e Reino de Deus é atual? É o próprio Mateus que nos responde: "Bem-aventurados os pobres em espírito, porque deles é o reino dos céus" (5,3) e "se é pelo Espírito de Deus que eu expulso os demônios, então o Reino de Deus já chegou a vós" (12,28). É, sem dúvida, um reino atual.

---

[15] MACKENZIE, Jonh L. *Dicionário Bíblico*. Tradução de Álvaro Cunha *et al*. 4ª ed. São Paulo: Editora Paulus, 1984 – verbete céu, p. 163-164.

[16] 3,2; 4,17; 5.3.10.19.20; 7,21; 8,11; 10,7; 11,11.12; 13,11.24.31.33.44.45.47.52; 16,9; 18;1.3.4.23; 19,12.14.23; 20,1; 22,2; 23,13; 25,1.

Começa aqui e agora, e prolonga-se na eternidade, e não termina, pois se é eternidade não terá fim.

Com relação a esse reino, se ele é escatológico, que vem da palavra grega *eschaton* ou *eschatos*, e refere-se às coisas últimas ou futuras, como o Juízo Final, o céu, o inferno, a eternidade etc., podemos utilizar a passagem do Juízo Final que encontramos só no evangelho de Mateus (25,31-46), em que fica bem claro:

> Então dirá o rei aos da sua direita: Vinde, benditos do meu Pai, herdai o reino preparado para vós desde a criação do mundo. Porque tive fome e me destes de comer, tive sede e me destes de beber, era estrangeiro e me recebestes. Nu e me vestistes, estive doente e me visitastes, preso e viestes ver-me (Mt 25,34-36).

Então, os da direita (justos) e os da esquerda (injustos) vão assustar-se e dizer quando foi que fizeram isso, e Jesus dirá:

> Em verdade vos digo: cada vez que o fizestes a um destes meus irmãos mais pequeninos, a mim o fizestes. [...] Em verdade vos digo: cada vez que não fizestes a um destes pequeninos, a mim não o fizestes. E irão estes para o castigo eterno, e os justos para a vida eterna (Mt 25,40.45-46).

São as obras de amor e misericórdia aqui e agora que serão decisivas no dia do Juízo Final. O céu começa aqui na terra. É atual e escatológico. E o reino de Deus é aberto a todos.

CAPÍTULO 3

BEM-AVENTURADOS OS QUE SÃO PERSEGUIDOS POR CAUSA DA JUSTIÇA, PORQUE DELES É O REINO DOS CÉUS

Para entender bem esta bem-aventurança, faz-se necessário saber qual é o significado da palavra "justiça" para Mateus, sendo que, em seu evangelho, o fio condutor é o reino de Deus e sua justiça, lembrando que as primeiras palavras de Jesus, no momento de seu batismo, foram: "Por enquanto deixe como está! Porque devemos cumprir toda a justiça" (Mt 3,15). Mas o que é a justiça?

3.1. O termo justiça

Justiça, no hebraico, é um termo ou palavra, por excelência, praticamente intraduzível. É o *Zedaká* e exprime, simultaneamente, os dois atributos de Deus: a bondade e a justiça. A harmonia entre ambos corresponde à cosmovisão judaica de um criador justo e de uma humanidade madura.

Já em grego, justiça[17] é *dikaiosyne*

Na visão grega típica de mundo, "justiça" é a ideia ou um ideal em relação ao qual pode ser medido o indivíduo ou a ação individual. [...] No pensamento hebraico, "justiça" é conceito mais relacional: "justiça" como o cumprimento de obrigações impostas ao indivíduo pela relação da qual faz parte.[18]

Nessa relação, Deus sempre é fiel, mas o mesmo não se pode dizer do povo. Não vamos entrar muito em detalhes, mas justiça e aliança estão intimamente ligadas como sinais de amor e fidelidade entre Deus, que é bom e justo, e o seu povo, e deste para com Deus e das pessoas em relação a seu próximo.

Pinchas Lapide, um judeu, diz que:

A tradução em grego de justiça é *dikaiosýne*, a qual é mais uma categoria do ato de aniquilatar juridicamente o dever e o ter, de modo que da comprovação ética brote a integridade judicial que "justifica" o homem diante de Deus.

Perdeu-se na tradução a voz do amor divino que ressoa obrigatoriamente na voz do profeta que clama por justiça, bem como na consciência de que meu direito, dentro do Âmbito da *zedaká*, envolve sempre o direito do próximo.[19]

---

[17] Essa definição, de acordo com a visão grega, encontra-se também em meu livro: ALBERTIN, Francisco. *Explicando as cartas de São Paulo*. 7ª ed. Aparecida: Editora Santuário, 2010, p. 231-234.

[18] DUNN, James D. G. *A teologia do apóstolo Paulo*. Tradução de Edwino Royer. São Paulo: Editora Paulus, 2003, p. 394-395.

[19] LAPIDE, Pinchas. *O Sermão da Montanha – Utopia ou Programa*. Petrópolis: Editora Vozes, 1986, p. 25-26.

É por isso que para entender bem as bem-aventuranças, que foram escritas em grego, temos de utilizar o modo de ser e pensar hebraico, pois tanto justiça, como paz, misericórdia, pobres em espírito, puros de coração, mansos etc., têm muitas vezes um modo de serem entendidos, que não condiz com a visão bíblica original.

Só para ilustrar, "o entendimento legal romano de justiça era em sentido distributivo: dar a cada um o que lhe cabia, a concessão de recompensas e castigos segundo o mérito".[20] Lembrando que o Império Romano dominava boa parte do mundo, na época de Jesus.

Para Mateus, a justiça de Deus é essencialmente misericórdia, perdão e bondade, vai desde dar um copo de água com amor a um que necessita até a entrega da própria vida. Também não podemos esquecer que a justiça estava intimamente ligada às obras de piedade dos judeus, como:

a) a esmola – é a nossa relação com o próximo, em que cada um deve partilhar aquilo que tem e é;

b) a oração – é a nossa relação com Deus e a sua vontade em nossa vida;

c) o jejum – é a nossa relação conosco mesmo e o nosso sacrifício em construirmos um mundo de acordo com o projeto de Deus.

---

[20] HAWTHORNE, Gerald F.; MARTIN, Ralph P.; REID, Daniel G. (Org.). *Dicionário de Paulo e suas cartas*. Tradução de Bárbara Theoto Lambert. São Paulo: Editora Vida Nova, Paulus e Loyola, 2008 – verbete Justiça, justiça de Deus, de K. L. Onesti, M. T. Brauch, p. 758.

Esses são os alicerces do que vem a ser justiça em Mateus, passando, evidentemente, pela misericórdia e pelo perdão. "Através da palavra Justiça, transparece a preocupação de Mateus: a de um cristianismo efetivo e autenticamente vivido."[21] Aristóteles estava convicto de que "a justiça é muitas vezes considerada a maior das virtudes, [...] 'na justiça estão compreendidas todas as virtudes'. E ela é a virtude completa no pleno sentido do termo, por ser o exercício atual da virtude completa...".[22]

Para obter uma vida digna e um mundo melhor, é fundamental que se tenha justiça, tanto é verdade que a campanha da fraternidade (2009) teve por lema: "A paz é fruto da justiça". Praticar a justiça e ser justo é viver de acordo com a vontade de Deus.

3.2. Relação entre pobres em espírito e perseguidos por causa da justiça

Há um paralelismo evidente entre a primeira bem-aventurança, "Bem-aventurados os pobres em espírito, *porque deles é o Reino dos Céus*", e a última, "Bem-aventurados os perseguidos por causa da justiça, *porque deles é o Reino dos Céus*". Comprovamos uma inclusão e uma unidade do texto.

---

[21] VV.AA. *A Mensagem das Bem-aventuranças*. 2ª ed. São Paulo: Ed. Paulinas, 1986, p. 58.

[22] *Apud* ALBERTIN, Francisco; FERNANDES FILHO, Armando. *Justiça – um sonho eterno*. Aparecida: Editora Ideias & Letras, 2006, p. 35.

A última bem-aventurança, que completa a primeira, expõe a situação em que vivem os que fizeram a opção contra o dinheiro. A sociedade baseada na ambição de poder, glória e riqueza não pode tolerar a existência e atividade de grupos cujo modo de viver nega as bases de seu sistema. Consequência inevitável da opção pelo reinado de Deus é a perseguição.[23]

Jesus foi contra os valores da sociedade de seu tempo e anunciou a libertação de tudo o que era contra a dignidade humana, anunciou ainda o Reino de Deus para todos os que vivem de acordo com essa lei da liberdade e rompem com toda e qualquer injustiça. Mas, para que isso aconteça, faz-se necessário ser pobre em espírito. Porém, uma vez fazendo essa opção, a consequência poderá ser exatamente de serem perseguidos por causa da justiça.

Jesus fez uma opção e foi pobre em espírito, e lutou para implantar o reino da justiça e do amor. Consequentemente, foi contra os valores sociais de sua época e, por ter anunciado a existência de outro reino, mexeu com os poderosos, e sua luta pela justiça o levou à morte. Antes de Jesus, muitos profetas foram mortos e, no início do cristianismo, milhares morreram; ao longo dos séculos, milhares de muitos outros que seguiam os ensinamentos de Jesus Cristo também derramaram o seu sangue. Hoje não é diferente. Lutar pela justiça e ir contra os poderosos em defesa dos pobres pode levar à morte. Só para citar alguns exemplos: Irmã Dorothy Stang, Chico Mendes, Pe. Josimo Tavares, Dom Oscar Romero etc.

---

[23] MATEOS, Juan; CAMACHO, Fernando. *O evangelho de Mateus*. São Paulo: Edições Paulinas, 1993, p. 60-61.

Capítulo 4

OS AFLITOS, OS MANSOS E OS QUE TÊM FOME E SEDE DE JUSTIÇA

Os aflitos, os mansos e os que têm fome e sede de justiça são chamados de bem-aventurados e, consequentemente, serão consolados, vão possuir a terra e ficarão saciados. Eles exercem uma missão essencial na construção do Reino de Deus.

4.1. Os aflitos serão consolados

Há controvérsias em algumas bíblias, nas quais pode ocorrer a inversão dos versículos 4 e 5 das bem-aventuranças. Umas colocam: "Bem-aventurados os aflitos, porque serão consolados" no versículo 4, como, por exemplo, a Bíblia edição Pastoral, do Peregrino, da CNBB etc. Estas mesmas colocam "Bem-aventurados os mansos, porque possuirão a terra" em seu versículo 5. Já outras colocam os aflitos no versículo 5 e os mansos no versículo 4, como a Bíblia de Jerusalém, TEB etc.

Afinal de contas, é no versículo 4 ou 5 que está "Bem-aventurados os aflitos, porque serão consolados"?

Não é uma dúvida simples, pois vimos que alguns tradutores de algumas bíblias fizeram opções diferentes. Tanto é verdade que, nas quatro primeiras edições deste livro, eu mesmo coloquei os aflitos no v. 5, pois segui, na ocasião, a Bíblia de Jerusalém. Porém, fazendo um estudo bem mais detalhado e procurando, dentro do possível, ser fiel ao texto original, tudo indica que os aflitos, que alguns traduzem também por "os que choram", fazem parte, de fato, do versículo 4. Isso só foi possível verificar devido ao que chamamos na exegese de crítica textual.[24]

Uwe Wegner diz que:

> a 27ª edição de Nestle-Aland: *Novum Testamentum Graece* [...] refere-se ao texto grego aceito como original. [...] O texto atualmente aceito como original é o resultado de um meticuloso trabalho de pesquisa e seleção, realizado por uma comissão internacional de eruditos na área.[25]

Nessa bíblia escrita em grego, Nestle-Aland[26] coloca, no versículo 4, *penthéo*, ou seja, aflito, estar triste, chateado, aflitos ou os que choram, e no versículo 5, *praéis*, ou seja, humilde, gentil, bondoso, amável, mansos.

---

[24] "Exegese é, pois, o trabalho de explicação e interpretação de um ou mais textos bíblicos. [...] A tarefa da crítica textual consiste em: constatar as diferenças entre os diversos manuscritos que contêm cópias do texto da exegese; avaliar qual das variantes poderia corresponder com maior probabilidade ao texto originalmente escrito pelo autor bíblico." In WEGNER, Uwe. *Exegese do Novo Testamento: Manual de Metodologia*. 2ª ed. São Leopoldo, São Paulo: Editora Sinodal e Paulus, 2001, p. 11 e 39.

[25] WEGNER, Uwe. *Exegese do Novo Testamento: Manual de Metodologia*. 2ª ed. São Leopoldo, São Paulo: Editora Sinodal e Paulus, 2001, p. 48.

[26] NESTLE-ALAND. *Novum Testamentum Graece*. 27ª ed. Stuttgart: Deutsche Bibelgesellschaft, Printed in Germany, p. 9.

Os aflitos são todos aqueles que lutam para a concretização do Reino de Deus, são os que se encontram na aflição (*'anî*, em hebraico), são os que choram e os que sofrem. Essa aflição seria no sentido de aperto, miséria, angústia, carência e pressão; poderia também ser identificada como clamor, que é um grito de aflição e também um pedido de socorro contra a injustiça e opressão.

Essa bem-aventurança traz, em sua primeira parte, um estado doloroso para o homem, ou seja, devido à sua opção de vida e obras, ele passa por uma profunda dor, ele chora e está aflito, sofrendo e vítima de opressão.

Mas, para todos aqueles que buscam o Reino de Deus, é garantido um "consolo". Consolo este no sentido de colocar fim à opressão, como podemos observar em Is 61,1-2:

> O Espírito do Senhor Javé está sobre mim, porque Javé me ungiu. Ele me enviou para dar a boa notícia aos pobres, para curar os corações feridos, para proclamar a libertação dos escravos e pôr em liberdade os prisioneiros [...] e para consolar todos os aflitos...

Deus, verdadeiramente, coloca-se ao lado de todos aqueles que sofrem, que choram e que estão aflitos. É ele mesmo quem consola o seu povo: "Como a uma pessoa que a sua mãe consola, assim eu vos consolarei" (Is 66,13). O que seria essa consolação? Não seria no sentido meramente sentimental, mas no sentido de uma ação justa, em que seria colocado fim à opressão, gerando a libertação e a vida. Só Deus é o verdadeiro consolador, pois diz ao seu povo: "Eu, eu mesmo, sou aquele que te consola" (Is 51,12a).

4.2. Os mansos

O termo hebraico de "mansos" corresponde a *'anawîm*. Como sabemos, este também é o termo para indicar os "pobres". Em se tratando de bem-aventuranças, poderíamos dizer que foi tirado literalmente do Salmo 37,11, no qual os mansos (*'anawîm*) possuirão a terra ou herdarão a terra.

Os *'anawîm* são os que põem sua confiança no Senhor e que não se escandalizam com a prosperidade dos pecadores. A Bíblia grega, a Setenta, traduziu a palavra *'anawîm* por "mansos", ou seja, os *praéis*.

Juan Mateos e Fernando Camacho afirmam que:

> no salmo 37,11, os *praéis* são os *'anawîm* pobres que, pela cobiça dos malvados, perderam sua independência econômica (terra, terreno) e sua liberdade e têm que viver submetidos aos poderosos que os despojaram. Sua situação é tal que não podem sequer expressar o seu protesto. A estes, Jesus promete não já a posse de terreno como patrimônio familiar, mas a da "terra" a todos em comum. A universalidade dessa "terra" indica a restituição da liberdade e a independência com plenitude não conhecida antes.[27]

Longe de uma interpretação conformista, fica claro que os "mansos" são forçados a isso devido à sua circunstância. Não são passivos, bobos e alienados da realidade social, mas são aqueles explorados, oprimidos e marginalizados, que lutam por justiça e dignidade. Essa luta não implica em

---

[27] MATEOS, Juan; CAMACHO, Fernando. *O evangelho de Mateus*. São Paulo: Edições Paulinas, 1993, p. 58-59.

uso de armas ou violência, como fazem os poderosos, pois a violência sempre gera mais violência. Lutam com uma só arma: o amor. Jesus mesmo diz: "Venham a mim todos vocês que estão cansados de carregar o peso do seu fardo, e eu lhes darei descanso. Aprendam de mim, porque sou manso e humilde de coração, e vocês encontrarão descanso para suas vidas" (Mt 11,28-29).

Jesus nos ensina a ser manso e humilde de coração. Com suas palavras, suas ações e sua vida, deixou bem claro que outro reino pode ser possível, o reino da justiça, da mansidão e do amor.

4.2.1. "A Terra"

Foi dito: "Bem-aventurados os mansos, porque possuirão a terra". Mas que terra? Em hebraico, temos *'erets*, que é a palavra mais comum para designar terra, que significa a "nação", como "solo cultivável", no sentido de território geográfico. Refere-se também ao solo cultivável, no sentido de habitação. Outro termo em hebraico é *'adamah*, que significa solo cultivável, porém rico em humo na superfície. Este é o patrimônio das famílias e comunidades. Terra sempre quer dizer solo fértil e cultivável, onde se pode construir uma casa e viver dignamente. Terra tem um sentido literal e outro simbólico.

A terra é um tema importante e muito presente no Antigo Testamento. Desde o início, percebemos que Deus promete a terra aos patriarcas, no sentido de fazer um pacto e dar a identidade a um povo, o povo de Deus.

Saia de sua terra, do meio de seus parentes e da casa de seu pai, e vá para a terra que eu lhe mostrarei. Eu farei de você um grande povo, e o abençoarei; tornarei famoso o seu nome, de modo que se torne uma bênção. [...] Em você, todas as famílias da terra serão abençoadas (Gn 12,1-3).

Como sabemos, a terra pertencia a Deus, que era o seu legítimo dono, pois Deus é o criador do Céu e da Terra. O projeto de Deus é que todos possam viver como irmãos, tomando posse da terra. Terra que, como podemos observar, significa vida, justiça, alimento, dignidade e fraternidade.

No Novo Testamento, a terra tem um sentido literal e, principalmente, simbólico. Quando Jesus diz: "Bem-aventurados os mansos, porque possuirão a terra" (Mt 5,4), provavelmente, quis abordar um tema presente em seu contexto.

Na época de Jesus, os que não tinham terras e os explorados trabalhadores do campo eram as pessoas que sofriam injustiças mais graves entre os camponeses palestinos. Os grandes proprietários no estrangeiro incrementavam a concentração de terras em suas mãos [...] os proprietários locais de terra perderam virtualmente a sua independência e os pequenos agricultores perderam as suas terras.[28]

Jesus veio anunciar o Reino dos Céus aos pobres e marginalizados. Portanto, os mansos têm lugar de destaque na pregação de Jesus. Eles receberão a terra. Esta terra tem um sentido literal e nos lembra da partilha da terra em Josué, quando todos se tornaram proprietários. Esses mansos lutam também pela

---

[28] MAY, Roy H. *Os pobres da Terra*. São Paulo: Ed. Paulinas, 1988, p. 81.

terra, a fim de ter uma vida mais digna e justa. Assim sendo, a terra anunciada por Jesus tem duas dimensões: "histórica e escatológica", a terra como vida passageira aqui e um dia como vida plena ou eterna.

4.3. Bem-aventurados os que têm fome e sede de justiça, porque serão saciados

Fome e sede são necessidades vitais de qualquer ser vivente. Todos os dias temos fome e sede que devem ser saciadas, e se não os forem, com o passar de algum tempo, levam-nos à morte, donde concluímos que comer e beber são essenciais para a vida. Jesus diz que bem-aventurados são os que têm fome e sede de justiça, no sentido de vivenciar a Palavra de Deus e cumprir a sua vontade. Conforme já dissemos, justiça vai desde dar um copo de água a um necessitado até a entrega da própria vida, passando pela misericórdia, perdão e bondade. Somente os que têm fome e sede de justiça conseguem implantar o Reino de Deus.

A fome e a sede indicam o anelo veemente de algo indispensável para a vida. A justiça é ao homem tão necessária como a comida e a bebida; sem ela, encontra-se em estado de morte. A justiça a que se refere a bem-aventurança é a expressa antes: ver-se livre da opressão, gozar de independência e liberdade. Jesus promete que esse anelo será saciado, isto é, que na sociedade humana, segundo o projeto divino, no "reino de Deus", não ficará rastro de injustiça.[29]

---

[29] MATEOS, Juan; CAMACHO, Fernando. *O evangelho de Mateus*. São Paulo: Edições Paulinas, 1993, p. 59.

O ideal de justiça é fundamental para se ter uma vida digna, gozar de independência e liberdade. E isso faz parte da luta dos cristãos, que procuram implantar o Reino de Deus neste mundo. O centro de preocupações da Bíblia passa pela fome e sede. Ambas estão presentes desde o Gênesis ao Apocalipse. Em Gn 12,10, diz-se que Abraão migrou para o Egito por causa da fome. Na história de José, fala-se do tema fome e assim por diante.

No Êxodo (15,22 a 17,7), fala-se de sede e de fome. "Iahweh disse a Moisés: 'eis que vos farei chover pão do céu'" (Êx 16,4a). Isso porque o povo, que caminhava no deserto, estava com fome. "Eis que estarei diante de ti, sobre a rocha, dela sairá água e o povo beberá" (Êx 17,6). Isso porque o povo do deserto estava com sede. Tudo isso mostra que Deus sempre caminha ao lado do seu povo. "Fome e sede" sempre aparecem ao longo de todo o Antigo Testamento, principalmente no livro de Rute.

No Novo Testamento, Jesus utiliza muito a imagem de fome e sede. Tanto é verdade que, para iniciar o seu ministério, tem fome:

> Por quarenta dias e quarenta noites esteve jejuando (no deserto). Depois teve fome. Então, aproximando-se o tentador, disse-lhe: "Se és Filho de Deus, manda que estas pedras se transformem em pães". Mas Jesus respondeu: "Está escrito: Não só de pão vive o homem, mas de toda palavra que sai da boca de Deus" (Mt 4,2-4).

Em relação ao Reino, Jesus diz que são "Bem-aventurados os que têm fome e sede de justiça, porque serão saciados" (Mt 5,6). Na multiplicação dos pães, em que havia uma multidão faminta, Jesus diz aos discípulos: "Eles não precisam ir embora. Vocês é que têm de lhes dar de comer" (Mt 14,16). Compara o Reino de Deus com uma festa de casamento, um banquete, quando todos são convidados (Mt 22,1-14). E, no Juízo Final, identifica-se com os mais pequeninos e mostra que o Reino de Deus é atual e escatológico: "tive fome e me destes de comer. Tive sede e me destes de beber [...] cada vez que o fizestes a um desses meus irmãos mais pequeninos, a mim o fizestes" (Mt 25,35.40).

Ao mostrar a verdadeira oração, o Pai-nosso, Jesus nos ensina a pedir: "O pão nosso de cada dia nos dai hoje" (Mt 6,11). Mas o que dizer sobre a eucaristia?

> Enquanto comiam, Jesus tomou um pão e, tendo-o abençoado, partiu-o e, distribuindo-o aos discípulos, disse: "Tomai e comei, isto é o meu corpo". Depois, tomou um cálice e, dando graças, deu-o a eles dizendo: "Bebei dele todos, pois isto é o meu sangue, o sangue da Aliança, que é derramado por muitos para a remissão dos pecados" (Mt 26,26-28).

Diante desse gesto sublime de amor, de doação da própria vida na cruz, diante do mistério profundo da partilha do seu corpo e sangue, nada mais nos resta dizer, a não ser entregar também nossa vida para que os outros tenham mais vida. Por questão de coerência, padres, bispos, religiosos e religiosas, que entregam suas vidas para amar e servir o povo, deveriam dedicar mais tempo às pessoas, ouvi-las em suas necessidades e lutar por mais justiça, visto que o importante é ter fome e sede de justiça. É o próprio Jesus quem diz: "Eu sou o pão da vida. Quem vem a mim, nunca mais terá fome, e o que crê em mim nunca mais terá sede" (Jo 6,35).

CAPÍTULO 5

OS MISERICORDIOSOS, OS PUROS DE CORAÇÃO E OS QUE PROMOVEM A PAZ

D e que maneira os misericordiosos, os puros de coração e os que promovem a paz constroem o Reino de Deus? Vamos iniciar comentando quem são os misericordiosos.

5.1. Os misericordiosos alcançarão misericórdia

Tanto antigamente como hoje se fala muito em misericórdia. Alguns a entendem como sentimento ou dó, outros como ação amorosa. Jesus mesmo disse: "Aprendam, pois, o que significa: 'Eu quero a misericórdia e não o sacrifício'" (Mt 9,13; 12,7). Jesus cita um texto do profeta Oseias (6,6) que, no hebraico, é *hesed*. Mas, afinal de contas, o que é misericórdia?

Como já foi dito, para entender o sentido profundo dessa bem-aventurança, faz-se necessário compreender o significado da palavra no Antigo Testamento. *Hesed*, em hebraico, é uma palavra quase intraduzível. Um dos maiores estudiosos de hebraico, Luis Alonso Schökel, assim a traduz:

Favor, benefício, graça, serviço, ajuda; misericórdia, clemência, bondade, benevolência, piedade, compaixão, comiseração, pena; carinho, afeto, caridade; lealdade, fidelidade; pacto, acordo, convênio, trato, promessa, compromisso; agrado, gosto, amabilidade, simpatia, atrativo; complacência, atração.[30]

Tudo isso foi colocado de propósito para você perceber o quanto é difícil entender, com profundidade, o significado de misericórdia. Essa palavra foi traduzida para o grego como *eleos*, no sentido de "compaixão, misericórdia, dó", e, no latim, a tradução soa como "dar o coração ao mísero", ter uma profunda atitude de bondade com aqueles que são miseráveis, que necessitam.

Ao falar em misericórdia, muitos a interpretam no sentido de um sentimento ou mera compaixão. Mas quando se refere ao evangelho de Mateus, nas bem-aventuranças, devemos ter em mente que:

a misericórdia da qual se trata aqui não é simples sensibilidade do coração que nos leva a compadecermos da miséria dos outros. É antes um modo de agir, de tratar os outros [...]. A misericórdia de Mateus se mostra perdoando aos outros e socorrendo a todos os que se encontram em necessidade.[31]

Fica claro que misericórdia não é um mero sentimento, muito embora passe por este, mas que leva a ação e a ajuda aos que necessitam.

---

[30] Schökel, Luis Alonso. *Dicionário Bíblico hebraico-português*. Tradução de Ivo Storniolo e José Bortolini. São Paulo: Editora Paulus, 1997, p. 235.

[31] VV.AA. *A Mensagem das Bem-aventuranças*. 2ª ed. São Paulo: Ed. Paulinas, 1986, p. 69.

Um exemplo bem claro disso é a parábola do servo implacável (Mt 18,23-35). O servo não podia pagar ao rei a dívida de dez mil talentos, cai aos pés do rei e suplica um prazo para pagar o que deve. "Diante disso, o senhor teve compaixão, soltou o empregado, e lhe perdoou a dívida" (Mt 18,27). Porém, ao sair dali, este encontrou um companheiro que lhe devia apenas cem denários e que também lhe fez um apelo, pedindo paciência: "Dê-me um prazo, e eu pagarei a você" (Mt 18,29). Mas este servo foi implacável, sem misericórdia, "e mandou jogá-lo na prisão, até que pagasse o que devia" (Mt 18,30).

Antigamente, quando alguém tinha uma dívida que não tinha como ser paga, a pessoa poderia ser vendida como escrava, bem como toda a sua família, ou até mesmo ir para a cadeia, na prisão, até conseguir o dinheiro para saldá-la.

Os empregados, ao presenciarem o acontecido, que o rei teve misericórdia e o servo não, ficam tristes com tal atitude. O rei manda chamar esse servo e diz: "Empregado miserável! Eu lhe perdoei toda a sua dívida, porque você me suplicou. E você, não devia também ter compaixão do seu companheiro, como eu tive de você?" (Mt 18,32-33).

Deus é misericordioso e nós também deveríamos ser tanto conosco quanto com os outros. A misericórdia envolve uma ação de perdão, acolhimento, bondade. Na oração do Pai-nosso, rezamos: "perdoai-nos as nossas ofensas, assim como nós perdoamos a quem nos tem ofendido".

Jesus é o exemplo perfeito do verdadeiro amor, da bondade em plenitude e do verdadeiro perdão, que gera uma vida nova. Quando os doutores da Lei e os fariseus trazem uma mulher que tinha sido pega cometendo adultério – e, nesse caso, a Lei de Moisés mandava apedrejar e matar tais pessoas –, Jesus vai dizer: "Quem de vocês não tiver pecado, atire nela a primeira pedra" (Jo 8,7). Como todos os seres humanos são pecadores, nenhum atirou a primeira pedra, e Jesus diz: "Eu também não a condeno. Pode ir, e não peque mais" (Jo 8,11). Jesus dá uma segunda chance àquela mulher. Zaqueu, que se confessa ladrão, quer ver Jesus de cima de uma árvore, mas Jesus diz para ele descer e que quer ir à sua casa. Lá, diante do seu arrependimento e da promessa de mudança de vida, Jesus diz: "Hoje a salvação entrou nesta casa" (Lc 19,9). Jesus deixa as noventa e nove ovelhas em lugar seguro e vai à procura de apenas uma e, quando a encontra, fica alegre e a coloca nos ombros (cf. Lc 15,3-7). Tem compaixão do povo, que está no deserto e com fome, e lhe dá de comer (cf. Mt 15,32-38). "Jesus curou muitas pessoas de vários tipos de doença" (Mc 1,34).

Mas uma parábola que expressa o amor infinito, a bondade, o carinho, a ternura, o acolhimento, o perdão sem limites, ou seja, a misericórdia, é a parábola do Pai misericordioso ou Filho Pródigo,[32] que está em Lucas 15,11-32.

O filho mais novo pede a herança ao Pai, sai de casa e vai para o mundo "curtir" a vida. Enquanto tem dinheiro, tem também amigos e mulheres. Mas como esbanja seus bens e fica sem dinheiro, acabam também os amigos e as mulheres. Pior do que isso: vem a fome. É obrigado a trabalhar e até comer a lavagem

---

[32] Filho pródigo no sentido de esbanjar e gastar os bens. Se você desejar fazer um estudo aprofundado dessa parábola, com todos os seus simbolismos, e da belíssima mensagem da verdadeira misericórdia divina, leia meu livro: ALBERTIN, Francisco. *Explicando o Novo Testamento – Os Evangelhos de Marcos, Mateus, Lucas e Atos dos Apóstolos*. 7ª ed. Aparecida: Editora Santuário, 2011, p. 199-204.

dos porcos; está no "fundo do poço", sem dinheiro, sem casa, sem comida, sem amigos. Então, caindo em si, decide voltar para a casa do pai. "Quando ainda estava longe, o pai o avistou, e teve compaixão. Saiu correndo e o abraçou, e o cobriu de beijos" (Lc 15,20). Providenciou o que era necessário a uma vida digna e mandou fazer uma festa. Ora, se um filho ou filha sai de casa e gasta seus bens, ou vive nas drogas, ou na prostituição, e se, um dia, decide voltar para a casa dos pais, com certeza, muitos fariam um "sermão" primeiro, mas este Pai, que é Deus, tem compaixão, amor, misericórdia; ele o abraça e o cobre de beijos – no plural –, pois quando um pai ou uma mãe encontra os filhos depois de certo tempo, ou uma pessoa quando encontra sua namorada ou seu namorado depois de um longo tempo de saudades, a tendência não é dar só um beijo, mas vários.

Deus é pai e mãe que nos abraça, cobre-nos de beijos e que faz uma festa quando um dos seus filhos está no caminho errado e volta para o caminho da vida. Quantas pessoas se perdem e dificilmente encontram um abraço e um beijo de acolhimento ao decidirem voltar!

Certa vez, fui questionado por uma jovem, ao explicar a misericórdia infinita de Deus nessa parábola: – Então, o marido pode trair a mulher, a mulher, o marido, e está tudo bem? E as pessoas que matam, exploram, cometem aborto e outros tipos de pecado, é só confessar e pronto?

Para que se tenha o perdão, são necessários o arrependimento e o propósito de mudança de vida. Observe que, nessa parábola, o filho, "caindo em si", decide levantar, encontrar-se com o Pai e viver de modo diferente (cf. Lc 15,17-20). Deus conhece o coração e sabia que aquele filho estava arrependido e que queria mudar de vida. Da mesma maneira, em relação à mulher adúltera, sabia que ela estava arrependida, e diz: "Eu também não a condeno. Pode ir, e não peque mais" (Jo 8,11).

Quantas pessoas arrependidas vão aos padres e bispos, religiosos e religiosas, cristãos e outros, confessam os seus erros e esperam uma atitude misericordiosa para se ter uma vida nova. Eu, você, nós, que também somos pecadores, deveríamos questionar-nos se realmente somos misericordiosos em nossas atitudes ou seguimos à risca "a lei"? O que dizer dos casais em situação "irregular", dos prostituídos, dos presidiários, dos drogados, dos que erram e se perdem pelos caminhos da vida? Eles são queridos e amados por nós e acolhidos na Igreja de Jesus Cristo? "Bem-aventurados (felizes) os misericordiosos, porque alcançarão misericórdia" (Mt 5,7).

5.2. Os puros de coração verão a Deus

Uma pergunta básica para compreender essa bem-aventurança é responder o que vem a ser "puros de coração". Ela foi inspirada no salmo 24,3-6:

Quem pode subir à montanha do Senhor (de Javé)?
Quem pode ficar de pé no seu lugar santo?
Quem tem mãos inocentes e coração puro,
e não se entrega à falsidade,
nem faz juramentos para enganar.

Ele obterá de Javé (do Senhor) a bênção,
e do seu Deus salvador a justiça.
Esta é a geração dos que o procuram,
dos que buscam tua face, ó Deus de Jacó.

Não é tão simples entender o significado de puros de coração. No livro dos Salmos, a concepção de pureza de coração passa a ter o sentido de retidão, da ausência de toda falsidade. Ter mãos inocentes e coração puro são condições essenciais para ver a Deus, sabendo que "o coração e as mãos são a sede dos pensamentos e o instrumento das ações, e isso representa o homem todo".[33] Pensar com o coração e agir com as mãos, isso envolve o ser humano como um todo. A partir dos profetas, essa pureza de coração passa a se situar no nível da conduta, das disposições íntimas.

Mas existia, no Antigo Testamento e na época de Jesus, a "lei do puro e impuro"[34] (Lv 11–16). Era uma lei terrível e excludente. Para se ter uma pequena noção do absurdo:

> Quando uma mulher conceber e der à luz um menino, ficará impura durante sete dias, como durante sua menstruação. Se der à luz uma menina, ficará impura durante duas semanas (Lv 12,2.5).

> Quem for declarado leproso, deverá andar com as roupas rasgadas e despenteado, com a barba coberta e gritando: "Impuro! Impuro!" Ficará impuro enquanto durar sua doença. Viverá separado e morará fora do acampamento (Lv 13,45-46).

> Quando uma mulher tiver relações com um homem, os dois deverão tomar banho e ficarão impuros até à tarde (Lv 15,18).

---

[33] VV.AA. *A Mensagem das Bem-aventuranças*. 2ª ed. São Paulo: Ed. Paulinas, 1986, p. 78.

[34] Se você desejar conhecer melhor essa lei do puro e do impuro, leia meu livro: ALBERTIN, Francisco. *Explicando o Antigo Testamento*. 11ª ed. Aparecida: Editora Santuário, 2011, p. 35-37.

A pureza aqui está no sentido exterior, de ritual. Para se tornar impuro, bastaria ingerir alguns alimentos, como, por exemplo, carne de porco, ter lepra, tocar em mortos ou ter algumas atividades sexuais, conforme vimos.

Se você ler Marcos 7,1-23 e Mateus 15,1-14, poderá obter mais detalhes de como Jesus criticou e, ao mesmo tempo, extinguiu essa lei do puro e do impuro, ao dizer:

> Não é o que entra pela boca que torna o homem impuro, mas o que sai da boca, isto sim o torna impuro... Não entendeis que tudo o que entra pela boca vai para o ventre e daí para a fossa? Mas o que sai da boca procede do coração e é isto que torna o homem impuro. Com efeito, é do coração que procedem más intenções, assassínios, adultérios, prostituições, roubos, falsos testemunhos e difamações. São essas coisas que tornam o homem impuro (Mt 15,11.17-20a).

Jesus, nesses textos, também critica os fariseus, doutores da Lei, e diz: "Hipócritas! Isaías profetizou muito bem sobre vocês, quando disse: 'Esse povo me honra com os lábios, mas o coração deles está longe de mim'" (Mt 15,7-8).

Quando se fala em coração, somos levados a identificá-lo enquanto sentimento e emoção. É uma visão moderna que não tem nada a ver com a concepção de Mateus e nem com a do Antigo e Novo Testamento. Coração é um termo, em hebraico *Leb*, que significa o pensamento, a razão, a cabeça, o interior da pessoa, a consciência, a mente, a ideia, o raciocínio, a capacidade de decidir, a coragem. É um termo muito abrangente e que perdeu um pouco o sentido verdadeiro ao ser traduzido, em grego, por *kardia*, sendo que tem um sentido literal e metafórico. "Denotava, de um lado, o 'coração' como órgão do corpo e centro da vida física. Era, do outro lado, considerado como sede das emoções e fonte de vida espiritual em geral".[35]

O coração, na Bíblia, está no sentido de convicção, decisão de optar pelo projeto de Deus e sua justiça; envolve razão e sentimento. Jesus mesmo afirma que: "O homem bom tira coisas boas do bom tesouro do seu coração, mas o homem mau tira do seu mal coisas más, porque a boca fala daquilo de que o coração está cheio" (Lc 6,45).

Em relação à segunda pergunta, que se refere a ver a Deus, encontramos várias passagens na Bíblia, as quais nos mostram que não se pode ver a Deus sem morrer. Assim, Deus diz a Moisés: "Não poderás ver a minha face, porque o homem não pode ver-me e continuar vivendo" (Êx 33,20). Porém, "ver a Deus" não significa, necessariamente, vê-lo como se vê um objeto ou alguma coisa, seria apresentar-se diante dele em seu templo, tomar parte do culto que lhe é prestado. O mesmo vale para a expressão "ver o rei", o que não significava então vê-lo por ocasião de alguma cerimônia, mas poder chegar até ele a qualquer momento, ser um dos seus íntimos.

Mas então o que vem a ser "ver a Deus"? No Novo Testamento, essa expressão marca toda a finalidade de nossa existência, de toda a nossa esperança cristã. "Veremos tal como ele é" (1Jo 3,2). O Apocalipse nos mostra os eleitos no fim dos tempos diante do trono de Deus e do cordeiro: "Verão sua face, e seu nome estará sobre suas frontes" (Ap 22,4).

---

[35] COENEN, Lothar; BROWN, Colin. *Dicionário internacional de teologia do Novo Testamento*. Tradução de Gordon Chown. 2ª ed. São Paulo: Edições Vida Nova, 2000 – verbete coração, de T. Sorg, vol. I, p. 424.

Quem é puro de coração, é capaz de lutar por um mundo com mais amor, justiça, solidariedade e partilha. É capaz de "ver Deus" em si, nos pobres, na natureza, nos outros, e onde há vida plena e dignidade. Acima de tudo, segue o exemplo de vida de Jesus, que é "manso e humilde de coração".

5.3. Os que promovem a paz serão chamados Filhos de Deus

O mundo busca a paz. As pessoas procuram viver em paz. E a paz interior é a razão de ser de qualquer ser humano. Mais do que nunca, precisamos dessa palavrinha de apenas três letras. O que a Bíblia entende por paz?

O Antigo Testamento foi escrito, em sua maior parte, em hebraico, e o Novo Testamento foi escrito em grego. O termo, para definição de paz na visão grega, é *eiréne*, que está no sentido de não ter guerra, "a paz é o estado da lei e da ordem que dá sentido às bênçãos da prosperidade".[36] Ressalta a importância de conviver bem e sem conflito.

Pinchas Lapide diz que a tradução de "pacíficos", que algumas bíblias trazem, é insuficiente para a tradução dos que promovem a paz, pois "pacífico" denota uma prontidão passiva de concordar com a paz, no sentido de ordem, que, de modo algum, impele à ação, enquanto que Jesus sonhava com uma atuação enérgica em favor da paz, no mesmo nível da operação divina.

---

[36] COENEN, Lothar; BROWN, Colin. *Dicionário internacional de teologia do Novo Testamento*. Tradução de Gordon Chown. 2ª ed. São Paulo: Edições Vida Nova, 2000 – verbete paz, de H. Beck, C. Brown, p. 1592.

Jesus Cristo veio anunciar o Reino de Deus, que tinha, por alicerce, o amor, a justiça, a misericórdia e a paz. Tece uma dura crítica a que os romanos chamavam de *pax* (paz), pois eles a concebiam como "[...] 'ordem', de docilidade às estruturas existentes e enquadramento nelas".[37] Esta era garantida pela força militar, pela violência, derramamento de sangue, morte e injustiça. E foi morto exatamente por criticar a *Pax Romana*. Foi considerado "subversivo", um "agitador social" contra a ordem social estabelecida. A paz, pregada pelo Império Romano, era "manchada de sangue" pelo uso da violência, morte e injustiça.

No contexto das bem-aventuranças e de um modo especial no Antigo Testamento, o termo paz, no hebraico, é *shalôm*, e o que vem a ser? "*Shalôm* é um conceito abrangente que exprime paz, alegria, liberdade, reconciliação, comunhão, harmonia, justiça, verdade, comunicação, humanismo."[38]

Já Juan Mateos e Fernando Camacho a traduzem como: "Sentido semítico de prosperidade, tranquilidade, direito e justiça; significa, em suma, a felicidade do homem individual e socialmente considerado".[39]

Só haverá paz, se existir amor, liberdade, reconciliação, harmonia, justiça, felicidade... e a lista continua, donde se conclui que a paz, ou *shalôm* em hebraico, é praticamente

---

[37] WENGST, Klaus. *Pax Romana: pretensão e realidade*. Tradução de António M. da Torre. São Paulo: Edições Paulinas, 1991, p. 92.

[38] LAPIDE, Pinchas. *O Sermão da Montanha – Utopia ou Programa*. Petrópolis: Editora Vozes, 1986, p. 37.

[39] MATEOS, Juan; CAMACHO, Fernando. *O evangelho de Mateus*. São Paulo: Edições Paulinas, 1993, p. 60.

intraduzível, dado sua tamanha abrangência. Assim, *eiréne*, dos gregos, e *pax*, dos romanos, indicando o estado de não guerra ou a ordem estabelecida, não conseguem expressar o que vem a ser *shalôm*. Isso porque separam o político do social e do religioso, enquanto que, na Bíblia, a visão é universalizante, quando se tem a harmonia entre o político, o social, o religioso e a felicidade do homem em si e toda a humanidade.

A paz é a felicidade do homem e da mulher, mas não só enquanto pessoas específicas, mas também enquanto socialmente considerados. É a plenitude humana, onde reinam o direito e a justiça. Pensar em uma paz assim é sonhar com um mundo futuro? Não. A paz deve ser construída aqui, no presente, pois só serão chamados filhos de Deus aqueles que promovem e lutam, apesar das dificuldades, para que essa paz se faça presente na vida e no mundo.

Na oração atribuída a São Francisco de Assis, temos:

Senhor! Fazei de mim um instrumento de vossa paz!
Onde houver ódio, que eu leve o amor.
Onde houver ofensa, que eu leve o perdão.
Onde houver discórdia, que eu leve a união.
Onde houver dúvida, que eu leve a fé.
Onde houver erro, que eu leve a verdade.
Onde houver desespero, que eu leve a esperança.
Onde houver tristeza, que eu leve a alegria.
Onde houver trevas, que eu leve a luz.

Nesse sentido, ser instrumento ou promover a paz é uma ação para dissolver o ódio e colocar o amor, tirar a ofensa e colocar o perdão, e assim por diante. Bem-aventurados, ou seja, felizes são os que promovem a paz, porque serão chamados filhos de Deus. Para que essa bem-aventurança seja realidade, é fundamental sermos pobres em espírito, aflitos, mansos, termos fome e sede de justiça, sermos misericordiosos, puros de coração etc.; a estes, que promovem a paz, a verdadeira paz, que gera vida e felicidade para todos, estes sim poderão ser chamados filhos de Deus e "verão a Deus".

Capítulo 6

JESUS, OS POBRES E O REINO

6.1. Jesus e os pobres

A opção de Jesus pelos pobres fica visível. Em primeiro lugar, porque, sendo Deus, se fez homem, nasceu pobre e viveu no meio deles. Em segundo lugar, porque, em toda a sua vida, procurou libertar a todos, curar, foi, é e será solidário com os mais necessitados; seu modo de viver é uma linda lição da verdadeira opção pelos mais pobres.

> Quando Jesus se aproxima do leproso e conversa com ele, aceita a comunidade de mesa com os pecadores e publicanos, defende as prostitutas [...]. A prática de Jesus, assim, aponta para um novo modelo, um novo modo de agir na sociedade que rompe radicalmente com um modo de relações sociais que exclui, marginaliza pessoas e grupos de pessoas por motivos religiosos, políticos e econômicos.
>
> A prática de amor de Jesus como prática de justiça, portanto, não permite que o amor seja simplesmente algo sentimental, descomprometido, genérico e idealista. A prática da justiça é a forma histórica que a prática do amor de Jesus assume.[40]

---

[40] NEUTZLING, Inácio. *O reino de Deus e os pobres*. São Paulo: Editora Loyola, 1986, p. 190-191.

Para que haja uma verdadeira opção pelos pobres, faz-se necessário que esta opção tenha, por modelo, Jesus Cristo. Essa opção não pode ser sentimental ou meramente descomprometida, tem de ser uma opção real.

A prática de Jesus, prática de serviço ao Reino, é também prática de amor sofredor. Jesus se identifica com o menor dos irmãos, com quem tem fome, sede, está nu, encarcerado... (Mt 25,31-46). Jesus se identifica com os pobres em solidariedade amorosa, sofrendo com eles e neles, não desde fora, mas desde dentro, fazendo-se ele mesmo pequeno e pobre. É na cruz que se concretiza historicamente o amor sofredor de Jesus e sua radical solidariedade de amor com todos os crucificados.[41]

A solidariedade de Jesus implica em libertação, não apenas em compaixão. É difícil enxergar o rosto de Deus nos pobres, somente aqueles que fazem opção por Jesus e seu projeto conseguem tal proeza. A opção por Deus, em si e por si, já supõe a opção pelos pobres.

A pobreza, a qual Jesus nos convida, está no sentido de renunciar a acumular os bens somente para si e partilhar o que temos e, principalmente, o que somos. Mas poderíamos perguntar: um pobre por necessidade, como compartilharia os seus bens? Fazendo uma verdadeira opção de compartilhar o pouco que tem, além de compartilhar o seu próprio ser. Isso equivale a dizer que os pobres por necessidade podem ser também "pobres em espírito". Agora, se um pobre, no sentido econômico, apega-se ao pouco que tem e se fecha aos outros, não estará fazendo a opção que Jesus nos convida a fazer.

---

[41] NEUTZLING, Inácio. *O reino de Deus e os pobres*. São Paulo: Editora Loyola, 1986, p. 191-192.

Por outro lado, um rico, que é "caridoso", que ajuda, de vez em quando, os pobres, mas é apegado aos seus bens, também não faz opção pelos pobres. "Ninguém pode servir a dois senhores. Porque ou odiará a um e amará o outro, ou será fiel a um e desprezará o outro. Vocês não podem servir a Deus e às riquezas" (Mt 6,24).

Esta expressão de Jesus é fundamental: "pois onde está o teu tesouro aí estará também teu coração" (Mt 6,21). O coração, em hebraico, conforme já vimos, está na capacidade de decidir. Qual é o nosso tesouro e onde está o nosso coração? Pois não tem como servir a Deus e às riquezas, ou odiará um e amará o outro, ou será fiel a um e desprezará o outro. Jesus nos deixa livres para decidir e optar.

6.2. Opções pelos pobres hoje

Optar pelos pobres supõe um sério risco de vida. Afinal, quem são os pobres hoje? Poderíamos dizer que são ¾ da humanidade, são todos aqueles que não têm o necessário para ter uma vida digna ou ainda:

A pobreza é hoje uma questão social, estrutural e massiva. Pobres são classes, massas e povos inteiros. Na América Latina, 80% são pobres, 15% classe média e 5% classe alta.

Os pobres constituem um fenômeno social produzido e não fato natural. [...] É fruto de um desenvolvimento contraditório, pelo qual os ricos se tornam cada vez mais ricos e os pobres, cada vez mais pobres. [...] Por isso, pobreza hoje significa socialmente opressão e dependência, e eticamente injustiça e pecado social.[42]

---

[42] PIXLEY, Jorge & BOFF, C. *Opção pelos pobres*. Petrópolis: Editora Vozes, 1986, cf. p. 19-24.

Na vida religiosa masculina e feminina, há o voto de pobreza, como também de castidade e obediência. Os padres diocesanos ou seculares fazem promessa de pobreza, castidade e obediência. O mesmo se pode dizer de outras associações ou comunidades com determinados carismas específicos que seguem o ideal de Jesus Cristo. É bonito ver tantos discípulos(as) missionários(as) doarem suas vidas no amor, acolhimento, libertação e luta de uma vida digna aos mais necessitados. Por outro lado, é triste observar que alguns fazem um voto ou promessa de pobreza teórica, pois, na prática, seguem o modelo capitalista de produção e lucro, e aí os pobres, quase sempre, não têm vez e nem voz... "A Igreja deveria ser a primeira a dar um exemplo de uma opção pelos pobres, a exemplo de Jesus. A Igreja aqui deve ser entendida como todos e cada um dos cristãos. Mas ela está ainda muito longe de ser chamada 'a igreja dos pobres'."[43]

Antes de a Igreja questionar a sociedade, deveria questionar-se a si mesma se, de fato, ela está ou não ao lado dos pobres para depois lutar para que a sociedade, vendo o seu exemplo, fizesse o mesmo. Infelizmente, alguns, que lutam por uma mudança estrutural na Igreja e na sociedade, acabam sendo perseguidos por causa da justiça...

Mas muitos poderão dizer: a missão da Igreja é evangelizar e não interferir nos assuntos sociais. Ocorre que Jesus morreu exatamente porque foi contra os valores vigentes na sociedade de seu tempo. Optar por Jesus é viver como ele viveu e denun-

---

[43] Boff, Leonardo. *Igreja: carisma e poder*. 3ª ed. Petrópolis: Editora Vozes, 1982, cf. p. 17-25.

ciar tudo o que leva à morte, mesmo que isto custe o que temos de mais precioso, que é a nossa vida. Viver como Jesus viveu, eis o grande desafio e a verdadeira opção pelos pobres.

Em síntese: é vivenciando, de modo autêntico, as bem-aventuranças que estaremos cumprindo a vontade de Deus, construindo um mundo de acordo com seu projeto de amor e caminhando, cada dia mais, rumo ao seu reino e conquistando a verdadeira felicidade.

CAPÍTULO 7

PAPA FRANCISCO "ALEGRAI-VOS E EXULTAI": O SEGREDO DA SANTIDADE E DA FELICIDADE

O Papa Francisco, em sua linda e maravilhosa Exortação Apostólica *GAUDETE ET EXSULTATE* (*Alegrai-vos e Exultai*), sobre a chamada à santidade no mundo atual, tendo por base o texto das Bem-aventuranças de Jesus, inspirou o título desta em:

> "Bem-aventurados (Felizes) vocês, se forem insultados e perseguidos, e se disserem todo tipo de calúnia contra vocês, por causa de mim.
>
> **Alegrai-vos e Exultai**, porque será grande a vossa recompensa no céu. [...]" (Mt 5,11-12).

Somente quem viveu e vive uma vida de santidade e que verdadeiramente, em sua vida, vivenciou e vivencia os ideais de Jesus, poderia ter a sensibilidade de traduzir que "a palavra 'feliz' ou 'bem-aventurado' torna-se sinônimo de 'santo', porque expressa que a pessoa fiel a Deus e que vive sua Palavra alcança, na doação de si mesma, a verdadeira felicidade" (GE, n. 64. *Gaudete et Exsultate* do Papa Francisco).

Num mundo onde predominam o dinheiro, os interesses pessoais, o poder e a corrupção, onde o que interessa é a política do "'dou para que me deem', onde tudo é negócio" (GE, n. 78), o Papa Francisco diz: "Jesus explicou, com toda simplicidade, o que é ser santo; assim o fez quando nos deixou as bem-aventuranças (Mt 5,3-12; Lc 6,20-23). Estas são como que a carteira de identidade do cristão" (GE, n. 63).

Por tudo isso, fica bem claro que as Bem-aventuranças de Jesus são o segredo da santidade e da felicidade. Ao longo de todo este livro, fizemos uma explicação de cada uma destas bem-aventuranças que, conforme vimos, Bem-aventurados é traduzido por *Felizes*. Vamos atualizá-las ainda mais, apresentando um pequeno resumo do que o Papa Francisco escreveu no capítulo III, *À luz do Mestre*.

"Felizes os pobres em espírito, porque deles é o Reino do Céu"

Os ricos sentem-se seguros em suas riquezas e, nelas, muitas vezes, colocam o sentido de sua vida. Ocorre que o dinheiro não pode garantir segurança nenhuma e, o pior, pode ocupar o lugar de Deus no coração deles. "Jesus chama felizes os pobres em espírito, que têm o coração pobre, onde pode entrar o Senhor com sua incessante novidade" (GE, n. 68).

Ser pobre no coração: isto é santidade.

"Felizes os mansos, porque possuirão a terra"

No mundo em que vivemos, percebemos que as pessoas costumam comparar-se às demais e as classificam por suas ideias, por seus costumes, por seu modo de falar, de vestir, por sua classe social, como pobres e ricos. "Em suma, é o reino do orgulho e da vaidade, onde cada um se julga no direito de elevar-se acima dos outros" (GE, n. 71).

A mansidão é descrita em várias passagens bíblicas e para Paulo é fruto do Espírito Santo (Gl 5,23). Até mesmo os próprios adversários devem ser tratados com mansidão (2Tm 2,25). Jesus disse: "Aprendam de mim, porque sou manso e humilde de coração, e vocês encontrarão descanso para suas vidas" (Mt 11,29).

"A mansidão é outra expressão da pobreza interior, de quem deposita sua confiança apenas em Deus. De fato, na Bíblia, usa-se muitas vezes a mesma palavra anawin para se referir aos pobres e aos mansos" (GE, n. 74).

Reagir com humilde mansidão: isto é santidade.

"Felizes os que choram, porque serão consolados"

Está aí uma bem-aventurança difícil de ser gerida pelo mundano que prefere o entretenimento, o prazer, o divertimento e o lazer. O mundo não quer chorar e ignora as situações dolorosas nem quer saber da cruz.

Somente uma pessoa que se deixa trespassar pela aflição e chora em seu coração "pode ter a coragem de compartilhar o sofrimento alheio, e deixa de fugir das situações dolorosas. Desta forma, descobre que a vida tem sentido socorrendo o outro em sua aflição, compreendendo a angústia alheia, aliviando os outros" (GE, n. 76). Curando assim suas feridas e seguindo a exortação de São Paulo: "Chorai com os que choram" (Rm 12,15).

Saber chorar com os outros: isto é santidade.

"Felizes os que têm fome e sede de justiça, porque serão saciados"

Como falar de justiça diante de um mundo injusto, desigual e que busca seus próprios interesses? Sabemos que a justiça é manipulada e corrompida visando os interesses dos poderosos. "A realidade mostra-nos como é fácil entrar nas veredas da corrupção, fazer parte dessa política diária do 'dou para que me deem', onde tudo é negócio. E quantas pessoas sofrem por causa das injustiças" (GE, n. 78).

Da mesma forma que temos fome e sede todos os dias e estas "são experiências muito intensas, porque correspondem a necessidades primárias e têm a ver com o instinto de sobrevivência. Há pessoas que, com esta mesma intensidade, aspiram à justiça" (GE, n. 77). Lutar pela justiça e pela dignidade de todos os filhos e filhas de Deus, começando por nós mesmos e por nossas atitudes, é isto que Jesus espera de nós na construção de um mundo mais justo e fraterno.

Buscar a justiça com fome e sede: isto é santidade.

"Felizes os misericordiosos, porque alcançarão misericórdia"

Diante de tantos desafios no mundo de hoje, como a questão da fome, miséria, desemprego, ecologia, guerras, temos também a questão urgente, que grita por dignidade, que é a situação dos migrantes "que arriscam a vida para dar um futuro aos seus filhos" (GE, n. 102). Mostra bem claro que, no texto do Juízo Final (Mt 25,31-46), Jesus se identifica com aqueles que têm fome, sede, migrantes ou forasteiros, nus, doentes, presos etc. "Eu garanto a vocês: todas as vezes que vocês fizeram isso aos meus irmãos mais pequeninos, foi a mim que o fizeram" (Mt 25,40). Este texto é lindo e maravilhoso e seria bom você ler, meditar e entender que o segredo do Juízo Final são as obras de misericórdia que praticamos aqui e agora no mundo.[1]

O Papa Francisco deixa claro aos cristãos e cristãs a necessidade de lerem, meditarem, rezarem e, sobretudo, colocarem em prática estes dois textos bíblicos: Bem-aventuranças de Jesus (Mt 5,3-12) e Juízo Final (Mt 25,31-46). Eles são o segredo da santidade e da felicidade.

Mais do que nunca, o mundo de hoje grita, implora e necessita da misericórdia. "'[...] a misericórdia é a plenitude da justiça e a manifestação mais luminosa da verdade de Deus'. A misericórdia 'é a chave do Céu'" (GE, n. 105). Expressão forte e sugestiva que não deixa dúvidas: *a misericórdia é a chave do Céu.* A prática da misericórdia é o segredo do Céu e da eternidade.

"A misericórdia tem dois aspectos: é dar, ajudar, servir os outros, mas também perdoar, compreender" (GE, n. 80). É dar o coração, amar de verdade, pois "o critério de avaliação da nossa vida é, antes de mais nada, o que fizemos pelos outros. A oração é preciosa, se alimenta uma doação diária de amor" (GE, n. 104).

Olhar e agir com misericórdia: isto é santidade.

---

[1] Se você desejar conhecer, em profundidade, esse texto e sua belíssima mensagem, leia o livro: *"O Juízo Final: Jesus e os pequeninos"*, de Francisco Albertin, disponível em: <www.amazon.com.br www.amazon.com www.morebooks.es>.

"Felizes os puros de coração, porque verão a Deus"

O Papa Francisco, de coração puro e exemplo de amor aos pobres, verdadeiramente "Santo", diz: "Esta bem-aventurança diz respeito a quem tem um coração simples, puro, sem imundície, pois um coração que sabe amar não deixa entrar em sua vida algo que atente contra esse amor. [...] Na Bíblia, o coração significa as nossas verdadeiras intenções, o que realmente buscamos e desejamos" (GE, n. 83).

O amor que brota de um coração puro pode ver a Deus tanto nos irmãos que sofrem, como na natureza, em sua vida e na eternidade do Céu. Para amar a Deus necessariamente tem que amar o próximo (Mt 22,36-40). Temos por aí muitos discursos, homilias e palavras vazias sobre o amor... "não há amor sem obras de amor" (GE, n. 85).

Manter o coração limpo de tudo o que mancha o amor: isto é santidade.

"Felizes os pacificadores, porque serão chamados filhos de Deus"

Felizes e bem-aventurados são aqueles e aquelas que promovem a paz. Ocorre que algumas vezes somos nós mesmos causas de conflitos e incompreensões, quando comentamos coisas da vida dos outros ou lhe damos uma segunda versão em poucas palavras: fofocas e ficar falando mal da vida dos outros. "O mundo das murmurações, feito por pessoas que se dedicam a criticar e destruir, não constrói a paz. Pelo contrário, tais pessoas são inimigas da paz e, de modo nenhum, bem-aventuradas" (GE, n. 87). Não é fácil construir uma paz evangélica que não exclua ninguém, nem mesmo as pessoas complicadas e difíceis.

Jesus pediu aos discípulos que, quando chegassem a uma casa para visitar e evangelizar, dissessem: "A paz esteja nesta casa!" (Lc 10,5). E ele próprio, depois de ressuscitado, suas primeiras palavras, dirigindo-se aos discípulos, foram: "A paz esteja com vocês" (Jo 20,19). "Trata-se de ser artesões da paz, porque construir a paz é uma arte que requer serenidade, criatividade, sensibilidade e destreza" (GE, n. 89).

Semear a paz ao nosso redor: isto é santidade.

"Felizes os que sofrem perseguição por causa da justiça, porque deles é o Reino do Céu"

Hoje em dia, as pessoas que lutam pela justiça e, com seu modo de ser e viver, incomodam a sociedade, com certeza serão perseguidas. Existem as perseguições inevitáveis dos seguidores e seguidoras de Jesus de ir contra as injustiças reinantes em nossa sociedade. Existem as perseguições que nós mesmos provocamos por nosso modo errado de tratar os outros.

"A cruz, especialmente as fadigas e os sofrimentos que suportamos para viver o mandamento do amor e o caminho da justiça, é fonte de amadurecimento e santificação" (GE, n. 92). As perseguições existiram no passado e existem hoje em vários mártires que derramam seu sangue em defesa da fé e da justiça. Mas também hoje temos uma nova forma de perseguição mais sutil, por meio de calúnias, falsidades e mentiras.

Abraçar diariamente o caminho do Evangelho, mesmo que nos acarrete problemas: isto é santidade.

Também na Exortação Apostólica *GUADETE ET EXSULTATE* 13, o Papa Francisco diz:

> Para ser santo, não é necessário ser bispo, sacerdote, religiosa ou religioso. Muitas vezes somos tentados a pensar que a santidade esteja reservada apenas àqueles que têm possibilidade de se afastar das ocupações comuns, para dedicar muito tempo à oração. Não é assim. Todos somos chamados a ser santos, vivendo com amor e oferecendo o próprio testemunho nas ocupações de cada dia, onde cada um se encontra. És consagrada ou consagrado? Sê santo, vivendo com alegria tua doação. Estás Casado? Sê santo, amando e cuidando de teu marido ou de tua esposa, como Cristo fez com a Igreja. És um trabalhador? Sê santo, cumprindo com honestidade e competência teu trabalho a serviço dos irmãos.

COMO SERIAM AS BEM-AVENTURANÇAS HOJE

Bem-aventurados (felizes) os pobres em espírito, que são capazes de renunciar ao dinheiro, ao poder, ao prestígio para doarem suas vidas em busca de um mundo melhor, sejam eles casados, solteiros, religiosos(as), padres, bispos, fiéis, pastores, ateus, líderes religiosos e civis, pessoas de boa vontade que saibam, com o seu modo de ser e viver, ir contra os valores sociais excludentes, pois todos os filhos e filhas têm direito a uma vida digna, a ter o que comer, beber, vestir, uma casa, um carro e terra para plantar e colher. Mesmo que sejam **perseguidos por causa da justiça**, não se devem abater pelos processos jurídicos e ameaças de morte dos grandes empresários, latifundiários e detentores do poder político, **porque deles é o Reino dos Céus.**

Bem-aventurados (felizes) os aflitos que são capazes de ouvir o clamor das crianças abandonadas em orfanatos, moradores de rua, presidiários, prostituídos, drogados, idosos colocados em asilos e todos os que foram condenados a viver excluídos pelo sistema capitalista. Para que recebam o ombro amigo, o carinho, a atenção e a solidariedade e possam ser curados de suas feridas, e tenham uma verdadeira consolação em seus sofrimentos, estes serão por mim **consolados.**

Bem-aventurados (felizes) os mansos, que, com o seu modo de viver, quebram as cadeias da violência, da guerra, do ódio, do rancor e, com seu jeito manso e humilde de ser, questionam os orgulhosos e poderosos. Ensinam a todos que a única arma capaz de revolucionar o mundo é o amor. Este amor constrói novas relações e uma nova humanidade, estes **possuirão a terra**.

Bem-aventurados (felizes) os que têm fome e sede de justiça num mundo onde os 5% mais ricos e aqueles que detêm o poder devoram mais de 1 bilhão, que são condenados à miséria, que têm fome e sede de alimento, de vida, de dignidade. Meu Pai criou este mundo com muito carinho e amor. A terra fértil, o sol, a chuva e todos os bens produzidos são para saciar e dar vida plena a todos e não só a alguns. Quando se tem um sistema econômico, político e ideológico governado pelos poderosos, o povo precisa lutar, unir-se e ter fome e sede de justiça, de partilha e amor, estes são essenciais para que todos sejam **saciados**.

Bem-aventurados (felizes) os misericordiosos, que são capazes de acolher, amar, perdoar, dar o coração àqueles que são rejeitados, desprezados, abandonados, deixados à margem, sejam pela raça, cor, sexo, classe social ou qualquer outra exclusão. A minha cruz continua no sofrimento deles. Toda e qualquer lei que exclui, mesmo que estejam em constituições, código de direito canônico, estatutos, decretos ou em qualquer outro lugar, não pode ser minha, pois Deus é amor, e quem permanece no amor permanece em Deus e Deus nele. Só a misericórdia é capaz de acolher, de levantar, renovar por dentro aqueles que caíram, fraquejaram e pecaram. Os misericordiosos **receberão misericórdia**.

Bem-aventurados (felizes) os puros de coração, porque conseguem ver a beleza, o amor, a imagem do Pai em todos os seus irmãos, na natureza, no bem e em tudo aquilo que gera vida. Estejam sempre vigilantes, pois é do coração que brotam as coisas boas e as coisas más: o amor e o ódio, a paz e a guerra. Eu estabeleci morada em seu coração e em todos os seus momentos de alegrias ou tristezas, vitórias ou derrotas, sonhos e ideais. Eu estou sempre contigo, procure ver com o coração e **verás a Deus**.

Bem-aventurados (felizes) os que promovem a paz, os que querem os bens não só para si, mas que partilham com todos. Aqueles que, com sua vida, mostram o amor e lutam contra o ódio, que são capazes de entregar a própria vida, para que os outros tenham mais vida. A felicidade é um dom e, ao mesmo tempo, uma conquista. Meu Pai quer que vocês vivam felizes na terra e no céu, pois todos, sem exceção, são **filhos e filhas de Deus**.

REFERÊNCIAS BIBLIOGRÁFICAS

ALBERTIN, Francisco. *Explicando as cartas de São Paulo*. 7ª ed. Aparecida: Editora Santuário, 2010.

_____. *Explicando o Antigo Testamento*. 11ª ed. Aparecida: Editora Santuário, 2011.

_____. *Explicando o Novo Testamento – Os Evangelhos de Marcos, Mateus, Lucas e Atos dos Apóstolos*. 7ª ed. Aparecida: Editora Santuário, 2011.

_____. *O Juízo Final: Jesus e os pequeninos*. Berlim (Alemanha): Novas Edições Acadêmicas, 2015.

_____. *O Reino da justiça e do amor*. 2ª ed. Aparecida: Editora Santuário, 2005.

_____; FERNANDES FILHO, Armando. *Justiça um sonho eterno*. Aparecida: Editora Idéias & Letras, 2006.

BALANCIN, Euclides Martins. *Como ler o Evangelho de Marcos*. São Paulo: Edições Paulinas, 1991.

BÍBLIA de Jerusalém. São Paulo: Editora Paulus, 2002.

BÍBLIA edição pastoral. 8ª ed. São Paulo: Edições Paulinas, 1990.

BÍBLIA TRADUÇÃO ECUMÊNICA (TEB). São Paulo: Loyola, 1994.

BOFF, Leonardo. *Igreja: carisma e poder*. 3ª ed. Petrópolis: Editora Vozes, 1982.

CARTER, Warren. *O Evangelho de São Mateus: comentário sociopolítico e religioso a partir das margens*. Tradução de Walter Lisboa. São Paulo: Editora Paulus, 2002.

COENEN, Lothar; BROWN, Colin. *Dicionário internacional de teologia do Novo Testamento*. Tradução de Gordon Chown. 2ª ed. São Paulo: Edições Vida Nova, 2000.

CONFERÊNCIA NACIONAL DOS BISPOS DO BRASIL. *Ele está no meio de nós!* São Paulo: Edições Paulinas, 1998.

DUNN, James D. G. *A teologia do apóstolo Paulo*. Tradução de Edwino Royer. São Paulo: Editora Paulus, 2003.

FABRIS, Rinaldo. *A opção pelos pobres na Bíblia*. São Paulo: Edições Paulinas, 1991.

FERREIRA, Joel A.; ALBERTIN, Francisco; TEZZA, Maristela. "O Messias de Quelle, Marcos e Mateus", in *Fragmentos de Cultura*. Goiânia, vol. 16, n. 5/6, mai./jun. 2006.

HARRIS, R. Laird; ARCHER, Gleason L. Júnior; WALTKE, Bruce K. *Dicionário Internacional de Teologia do Antigo Testamento*. Tradução de Márcio Loureiro Redondo; Luiz A. T. Sayão; Carlos Osvaldo C. Pinto. São Paulo: Edições Vida Nova, 1998.

HAWTHORNE, Gerald F.; MARTIN, Ralph P.; Reid, Daniel G. (Org.). *Dicionário de Paulo e suas cartas*. Tradução de Bárbara Theoto Lambert. São Paulo: Editora Vida Nova, Paulus e Loyola, 2008.

LAPIDE, Pinchas. *O Sermão da Montanha – Utopia ou Programa.*Petrópolis: Editora Vozes, 1986.

MACKENZIE, Jonh L. *Dicionário Bíblico.* Tradução de Álvaro Cunha *et al.*; 4ª ed. São Paulo: Editora Paulus, 1984.

MATEOS, Juan. *A utopia de Jesus.* São Paulo: Editora Paulus, 1994.

MATEOS, Juan; CAMACHO, Fernando. *Evangelho, figuras & símbolos.* São Paulo: Edições Paulinas, 1992.

_____. *O evangelho de Mateus.* São Paulo: Edições Paulinas, 1993.

MAY, Roy H. *Os pobres da Terra.* São Paulo: Ed. Paulinas, 1988.

MORIN, Émile. *Jesus e as estruturas de seu tempo.* 4ª ed. São Paulo: Ed. Paulinas, 1988.

PAPA FRANCISCO, Exortação Apostólica: *Gaudete et Exsultate – Alegrai-vos e exultai.* São Paulo: Edições Paulinas, 2018.

NESTLE-ALAND. *Novum Testamentum Graece.* 27ª ed. Stuttgart: Deutsche Bibelgesellschaft, Printed in Germany.

NEUTZLING, Inácio. *O reino de Deus e os pobres.* São Paulo: Editora Loyola, 1986.

PIXLEY, Jorge & BOFF , C. *Opção pelos pobres.* Petrópolis: Editora Vozes, 1986.

RICHARD, Pablo. A origem do cristianismo em Antioquia. *Ribla*, Petrópolis/São Leopoldo: Ed. Vozes e Sinodal, n. 29, 1998.

RIUS-CAMPS, Josep. *O Evangelho de Lucas*. O êxodo do homem livre. Tradução de João Rezende Costa. São Paulo: Editora Paulus, 1995.

SALDARINI, Anthony J. *A comunidade judaico-cristã de Mateus*. Tradução de Bárbara Theoto Lambert. São Paulo: Edições Paulinas, 2000.

SCHÖKEL, Luis Alonso. *Dicionário Bíblico hebraico-português*. Tradução de Ivo Storniolo e José Bortolini. São Paulo: Editora Paulus, 1997.

STORNIOLO, Ivo. *Como ler o Evangelho de Lucas*. São Paulo: Edições Paulinas, 1992.

_____. *Como ler o Evangelho de Mateus*. 2ª ed. São Paulo: Edições Paulinas, 1990.

VV.AA. *A Mensagem das Bem-aventuranças*. 2ª ed. São Paulo: Ed. Paulinas, 1986.

WEGNER, Uwe. *Exegese do Novo Testamento: Manual de Metodologia*. 2ª ed. São Leopoldo, São Paulo: Editora Sinodal e Paulus, 2001.

WENGST, Klaus. *Pax Romana: pretensão e realidade*. Tradução de António M. da Torre. São Paulo: Edições Paulinas, 1991.

A marca FSC® é a garantia de que a madeira utilizada na fabricação do papel deste livro provém de florestas que foram gerenciadas de maneira ambientalmente correta, socialmente justa e economicamente viável.

Este livro foi composto com as famílias tipográficas Times New Roman e Segoe UI
e impresso em papel offset 75g/m² pela **Gráfica Santuário**.